U0457208

新版《列国志》与《国际组织志》联合编辑委员会

列国志 新版

GUIDE TO
THE WORLD
NATIONS

朱献珑 朱 丹 叶 林 | COMOROS

编著

科摩罗

社会科学文献出版社
SOCIAL SCIENCES ACADEMIC PRESS (CHINA)

C

阿尔达布拉群岛
（塞）
科斯莫莱岛（塞）
阿桑普申岛（塞）

阿斯托夫岛

加杜角

瓦 Praia

科
摩
罗
群
岛

Archipel des Comores

米察米乌利
大科摩罗岛
Grande Comore I.

科 莫罗尼
MORONI 摩

尼

丰博尼Fomboni
莫埃利岛
Mohéli I.

锡马
昂 儒昂昂岛Anjouan I.
穆察 穆杜Mutsamudu

COMOROS

马穆
帕曼齐岛
藻德济
穆代莱
马约特岛
I. Mayotte

罗

格洛里厄斯群岛

热塞浅滩

阿南布尼

安蓬比尼
米齐乌岛
索

贝岛
安杜阿尼
Andoany

迪

安班

阿努鲁灿加纳
安楚

马鲁翁
Maros

拉瓦岛
Bealana
贝阿拉纳
Bealana

索菲

阿纳拉拉瓦
安楚希希
Antsohihy

SOFIA

北贝凡德里亚纳
Befandriana Avaratra

布里济尼

Channel

内卡拉
Nacala

莫桑比克岛
莫桑比克
Moçambique

尔
ual

Blue Channel

曼贝库尼
Mampikony

马哈德鲁德鲁卡
马里亚拉务

纳马基亚
马欣祖

苏阿拉拉
Soalala

马鲁武艾
Marovoay

马哈赞加
Mahajanga

布埃尼区

安巴图布埃尼

马鲁坦德

米察米乌利
Mitsamiouli

大科摩罗岛
Grande Comore I.

姆贝尼
Mbeni

莫罗尼
MORONI
科

卡尔塔拉山
Massif du Kartala
▲2361

摩

罗

丰布尼
Poumbouni

COMOROS

莫埃利岛
Mohéli I.

汉巴
丰博尼
Fomboni

伊察米亚

大科摩罗岛

科摩罗行政区划图

科摩罗国旗

科摩罗国徽

莫罗尼伊科尼镇

卡尔塔拉火山顶端

大科摩罗岛"小长城"

大科摩罗岛北部的盐湖

果蝠

海龟

出版说明

　　《列国志》编撰出版工作自 1999 年正式启动，截至目前，已出版 144 卷，涵盖世界五大洲 163 个国家和国际组织，成为中国出版史上第一套百科全书式的大型国际知识参考书。该套丛书自出版以来，受到社会各界的广泛好评，被誉为"21 世纪的《海国图志》"，中国人了解外部世界的全景式"窗口"。

　　这项凝聚着近千学人、出版人心血与期盼的工程，前后历时十多年，作为此项工作的组织实施者，我们为这皇皇 144 卷《列国志》的出版深感欣慰。与此同时，我们也深刻认识到当今国际形势风云变幻，国家发展日新月异，人们了解世界各国最新动态的需要也更为迫切。鉴于此，为使《列国志》丛书能够不断补充最新资料，更好地服务于社会各界，我们决定启动新版《列国志》编撰出版工作。

　　与已出版的 144 卷《列国志》相比，新版《列国志》无论是形式还是内容都有新的调整。国际组织卷次将单独作为一个系列编撰出版，原来合并出版的国家将独立成书，而之前尚未出版的国家都将增补齐全。新版《列国志》的封面设计、版面设计更加新颖，力求带给读者更好的阅读享受。内容上的调整主要体现在数据的更新、最新情况的增补以及章节设置的变化等方面，目的在于进一步加强该套丛书将基础研究和应用对策研究相结合，将基础研究成果应用于实践的特色。例如，增加了各国有关资源开发、环境治理的内容；特设"社会"一章，介绍各国的国民生活情况、社会管理经验以及存在的社会问题，等等；增设"大事纪年"，方便读者在短时间内熟悉各国的发展线索；增设"索引"，便于读者根据人名、地名、关键词查找所需相关信息。

顺应时代发展的要求，新版《列国志》将以纸质书为基础，全面整合国别国际问题研究资源，构建列国志数据库。这是《列国志》在新时期发展的一个重大突破，由此形成的国别国际问题研究与知识服务平台，必将更好地服务于中央和地方政府部门应对日益繁杂的国际事务的决策需要，促进国别国际问题研究领域的学术交流，拓宽中国民众的国际视野。

新版《列国志》的编撰出版工作得到了各方的支持：国家主管部门高度重视，将其列入"'十二五'国家重点图书出版规划项目"；中国社会科学院将其列为创新工程学术出版资助项目，王伟光院长亲自担任编辑委员会主任，指导相关工作的开展；国内各高校和研究机构鼎力相助，国别国际问题研究领域的知名学者相继加入编辑委员会，提供优质的学术咨询与指导。相信在各方的通力合作之下，新版《列国志》必将更上一层楼，以崭新的面貌呈现给读者，在中国改革开放的新征程中更好地发挥其作为"知识向导"、"资政参考"和"文化桥梁"的作用！

新版《列国志》编辑委员会
2013 年 9 月

前　言

　　自 1840 年前后中国被迫开关、步入世界以来，对外国舆地政情的了解即应时而起。还在第一次鸦片战争期间，受林则徐之托，1842 年魏源编辑刊刻了近代中国首部介绍当时世界主要国家舆地政情的大型志书《海国图志》。林、魏之目的是为长期生活在闭关锁国之中、对外部世界知之甚少的国人"睁眼看世界"，提供一部基本的参考资料，尤其是让当时中国的各级统治者知道"天朝上国"之外的天地，学习西方的科学技术，"师夷之长技以制夷"。这部著作，在当时乃至其后相当长一段时间内，产生过巨大影响，对国人了解外部世界起到了积极的作用。

　　自那时起中国认识世界、融入世界的步伐就再也没有停止过。中华人民共和国成立以后，尤其是 1978 年改革开放以来，中国更以主动的自信自强的积极姿态，加速融入世界的步伐。与之相适应，不同时期先后出版过相当数量的不同层次的有关国际问题、列国政情、异域风俗等方面的著作，数量之多，可谓汗牛充栋。它们对时人了解外部世界起到了积极的作用。

　　当今世界，资本与现代科技正以前所未有的速度与广度在国际间流动和传播，"全球化"浪潮席卷世界各地，极大地影响着世界历史进程，对中国的发展也产生极其深刻的影响。面临不同以往的"大变局"，中国已经并将继续以更开放的姿态、更快的步伐全面步入世界，迎接时代的挑战。不同的是，我们所面临的已不是林则徐、魏源时代要不要"睁眼看世界"、要不要"开放"的问题，而是在新的历史条件下，在新的世界发展大势下，如何更好地步入世界，如何在融入世界的进程中更好地维护民族国家的主权与独立，积极参与国际事务，为维护世界和平，促进世界与人类共同发展做出贡献。这就要求我们对外部世界有比以往更深切、全面的了解，我们只有更全面、更深入地了解世界，才能在更高的层次上融入世界，也才能在融入世界的进程中不迷失方向，保持自我。

与此时代要求相比，已有的种种有关介绍、论述各国史地政情的著述，无论就规模还是内容来看，已远远不能适应我们了解外部世界的要求。人们期盼有更新、更系统、更权威的著作问世。

中国社会科学院作为国家哲学社会科学的最高研究机构和国际问题综合研究中心，有11个专门研究国际问题和外国问题的研究所，学科门类齐全，研究力量雄厚，有能力也有责任担当这一重任。早在20世纪90年代初，中国社会科学院的领导和中国社会科学出版社就提出编撰"简明国际百科全书"的设想。1993年3月11日，时任中国社会科学院院长胡绳先生在科研局的一份报告上批示："我想，国际片各所可考虑出一套列国志，体例类似几年前出的《简明中国百科全书》，以一国（美、日、英、法等）或几个国家（北欧各国、印支各国）为一册，请考虑可行否。"

中国社会科学院科研局根据胡绳院长的批示，在调查研究的基础上，于1994年2月28日发出《关于编纂〈简明国际百科全书〉和〈列国志〉立项的通报》。《列国志》和《简明国际百科全书》一起被列为中国社会科学院重点项目。按照当时的计划，首先编写《简明国际百科全书》，待这一项目完成后，再着手编写《列国志》。

1998 年，率先完成《简明国际百科全书》有关卷编写任务的研究所开始了《列国志》的编写工作。随后，其他研究所也陆续启动这一项目。为了保证《列国志》这套大型丛书的高质量，科研局和社会科学文献出版社于 1999 年 1 月 27 日召开国际学科片各研究所及世界历史研究所负责人会议，讨论了这套大型丛书的编写大纲及基本要求。根据会议精神，科研局随后印发了《关于〈列国志〉编写工作有关事项的通知》，陆续为启动项目拨付研究经费。

为了加强对《列国志》项目编撰出版工作的组织协调，根据时任中国社会科学院院长李铁映同志的提议，2002 年 8 月，成立了由分管国际学科片的陈佳贵副院长为主任的《列国志》编辑委员会。编委会成员包括国际片各研究所、科研局、研究生院及社会科学文献出版社等部门的主要领导及有关同志。科研局和社会科学文献出版社组成《列国志》项目工作组，社会科学文献出版社成立了《列国志》工作室。同年，《列国志》项目被批准为中国社会科学院重大课题，新闻出版总署将《列国志》项目列入国家重点图书出版计划。

在《列国志》编辑委员会的领导下，《列国志》各承担单位尤其是各位学者加快了编撰进度。作为一项大型研究项目和大型丛书，编委会对《列国志》提出的基本要求是：资料翔实、准确、最新，文笔流畅，学术性和可读性兼备。《列国志》之所以强调学术性，是因为这套丛书不是一般的"手册""概览"，而是在尽可能吸收前人成果的基础上，体现专家学者们的研究所得和个人见解。正因为如此，《列国志》在强调基本要求的同时，本着文责自负的原则，没有对各卷的具体内容及学术观点强行统一。应当指出，参加这一浩繁工程的，除了中国社会科学院的专业科研人员以外，还有院外的一些在该领域颇有研究的专家学者。

现在凝聚着数百位专家学者心血，共计141卷，涵盖了当今世界151个国家和地区以及数十个主要国际组织的《列国志》丛书，将陆续出版与广大读者见面。我们希望这样一套大型丛书，能为各级干部了解、认识当代世界各国及主要国际组织的情况，了解世界发展趋势，把握时代发展脉络，提供有益的帮助；希望它能成为我国外交外事工作者、国际经贸企业及日渐增多的广大出国公民和旅游者走向世界的忠实"向导"，引领其步入更广阔的世界；希望它在帮助中国人民认识世界的同时，也能够架起世界各国人民认识中国的一座"桥梁"，一座中国走向世界、世界走向中国的"桥梁"。

《列国志》编辑委员会
2003 年 6 月

导　言

　　科摩罗全称为科摩罗联盟，是西印度洋上的一个非洲岛国，东、西距马达加斯加和莫桑比克各约 300 千米，被称为"海峡的门户"。科摩罗由大科摩罗岛、昂儒昂岛、莫埃利岛和马约特岛四个火山岛组成，总面积为 2236 平方千米。从空中俯瞰科摩罗群岛，四大岛屿大致排列成弯月形，科摩罗因此被称为"月亮之国"；科摩罗大量种植和出口依兰、香草、丁香等香料，又被誉为"香料之国"。

　　科摩罗属湿热海洋性气候，常年最高气温约 35℃，最低气温约 24℃。因地形和海拔各异，各岛的气候存在显著差异。群岛多见陡峭的山脉和低矮的山丘，卡尔塔拉活火山（Kartala）海拔 2360 米，是科摩罗的最高峰。

　　据联合国 2020 年统计数据，科摩罗人口密度达每平方千米 467 人，是世界上人口最稠密的国家之一。在人口构成方面，非洲阿拉伯人是科摩罗最大的族群，此外还包括非洲人、马来－印度尼西亚人和克里奥尔人等族群。科摩罗官方语言为阿拉伯语、法语和科摩罗语。约 98% 的科摩罗人信奉逊尼派伊斯兰教，什叶派伊斯兰教、天主教和新教等信众约占总人口的 2%。

　　因缺乏史料记载和考古证明，关于科摩罗群岛的早期历史无法确切考证。7 世纪，非洲大陆阿拉伯封建政权更迭频繁，部分阿拉伯人为逃避战乱移居群岛。同时，随着海洋贸易的兴起及航海技术的传播，穆斯林开始到科摩罗设立商贸据点，并在各岛传播伊斯兰教。15 世纪，逊尼派穆斯林建立定居点，建立起真正意义上的苏丹国。随着穆斯林统治地位的确立，群岛于 15 世纪最终完成伊斯兰化。

随着地理大发现和新航路的开辟，欧洲强国走上了殖民扩张和发展海外贸易的道路，科摩罗从此被裹挟进全球化历史进程。在 16～17 世纪很长一段时期内，进入印度洋的欧洲各国与科摩罗保持相对和平的贸易关系。随着海上贸易竞争日益加剧，英国在自然条件相对优越的昂儒昂岛建立了贸易据点和航运补给站，18 世纪后开始放弃中立地位给予昂儒昂岛军事支持，通过控制昂儒昂岛在科摩罗保持了较大的影响力。19 世纪，英法在印度洋地区展开角逐，其中科摩罗群岛成为两国争相控制的对象。1841 年，法国从马达加斯加统治者手中购买了马约特岛。1886 年，由于本国殖民政策的调整，英国从昂儒昂岛退出，法国将莫埃利岛、昂儒昂岛和大科摩罗岛列为其"保护地"。至此，科摩罗四岛全部被法国占领。法国通过一系列不平等条约，控制了科摩罗的政治、经济、外交大权，科摩罗从此进入法国殖民统治时期。

第二次世界大战后，科摩罗的民族解放运动蓬勃兴起。1974 年，科摩罗就独立问题举行全民公投，全岛 95% 的居民赞成独立，马约特岛有 65% 的居民反对独立。1975 年 7 月 6 日，科摩罗议会通过决议宣布独立，成立科摩罗共和国。长期的殖民统治和经济掠夺导致新生共和国积贫积弱、民生凋敝。更为不幸的是，在独立后相当长的一段时期内，因权力和资源分配不均，科摩罗各岛纷争不断，政权更迭频繁，经济停滞不前，社会持续动荡。作为世界上最贫穷的国家之一，科摩罗政府的财政困窘，基础设施落后，经济、教育、医疗等各领域的发展均严重依赖国际援助，政府实施的系列改革阻力重重。2017 年，科摩罗政府提出"2030 新兴国家"发展战略，旨在重点推进基础设施建设，改善卫生和教育体系。

1975 年，中国与科摩罗正式建交，成为首个与科摩罗建立外交关系的国家。自建交以来，中国持续向科摩罗提供援助，包括无偿援助和各类贷款，援建项目涵盖了交通、电信、教育、医疗、广电、供水、电力、农业等多个领域，签订了多份经济、科技、文化等领域的合作协定。2018 年，习近平主席在会见来访的科摩罗总统阿扎利时指出，中科关系堪称大小国家平等相待、团结合作的典范。中国愿将"一带一路"倡议同科摩罗"2030 新兴国家"发展战略对接，继续为科摩罗实现自主可持续发展提供力所能及的帮助。

科摩罗是一个典型的"冷门小国"，国内外相关研究极为匮乏。作为印度洋岛国之一，科摩罗是"21 世纪海上丝绸之路"的重要一站，地理位置尤为重要。新版《列国志》编委会将科摩罗纳入丛书具有重要的理论价值和现实意义。一方面，本书的出版将填补国内科摩罗综合研究的空白，为印度洋地区问题研究提供重要的文献借鉴；另一方面，科摩罗研究对提升国别和区域研究水平、推进国别研究全覆盖具有重要意义。

华南理工大学印度洋岛国研究中心长期关注科摩罗等冷门小国的研究。中心按照新版《列国志》编委会的编写要求，整合相关研究资源，从地理、政治、经济、历史、社会、军事、文化、外交等方面对科摩罗进行全方位的介绍和评述。由于科摩罗信息化建设落后，官方信息发布渠道极为有限，数据搜集成为编写过程中的最大挑战。为了确保数据的准确性与权威性，编者与中国驻科摩罗联盟大使馆、科摩罗联盟驻中国大使馆、科摩罗大学孔子学院以及多名科摩罗在华留学生保持密切沟通，尽可能占有第一手研究资料。少数章节因资料缺乏，参考了国内外学者相关的研究论著，在此谨致谢忱。

本书在编写过程中，科摩罗大学孔子学院中方院长陈煜教授、科摩罗联盟驻中国大使馆 HAMIDOUNE HAMIDOULLAH MOIOUIYA、科摩罗在华留学生 MAAMOUNOU DJAE 等为本书提供了宝贵的修改意见和数据资料。马浩宇先生为本书提供了大量精彩的科摩罗照片，在此一并表示感谢！此外，我们要特别感谢社会科学文献出版社国别区域分社社长张晓莉女士和责任编辑邓翀女士为本书的付梓倾注的心血！

本书由朱献珑、朱丹、叶林共同完成。编者虽竭尽全力以做周全，但限于编者水平及资料不足，仍不免有肤浅疏漏之处。敬请读者朋友们批评指正。

本书资料截至 2018 年 12 月 31 日，部分数据截至 2020 年 7 月 1 日。

编者

2020 年 7 月

CONTENTS

目 录

第一章 概 览／1

第一节 国土与人口／1

一 地理位置／1

二 气候与生态／2

三 行政区划／3

四 人口与语言／3

五 国家象征／6

第二节 宗教与民俗／8

一 宗教／8

二 节日／9

三 民俗／10

第三节 特色资源／13

一 名胜古迹／13

二 主要城市／15

三 建筑艺术／16

第二章 历 史／19

第一节 古代简史（15 世纪之前）／19

一 早期居民／19

二 早期社会／21

三 伊斯兰教的传入／23

CONTENTS

目 录

第二节 近现代简史（16 世纪～1975 年）/ 24

一 苏丹统治时期（16 世纪～1912 年）/ 24

二 法国统治时期（1912～1975 年）/ 29

第三节 当代简史（1975 年以后）/ 36

一 科摩罗共和国时期（1975 年 7 月～1978 年 10 月）/ 36

二 科摩罗伊斯兰联邦共和国时期（1978 年 10 月～
2001 年 12 月）/ 39

三 科摩罗联盟时期（2001 年 12 月至今）/ 43

第四节 重要历史人物 / 44

第三章 政 治 / 49

第一节 政治沿革 / 49

第二节 宪法 / 52

一 1978 年宪法 / 52

二 1992 年宪法 / 53

三 1996 年宪法 / 54

四 1999 年临时宪法 / 54

五 2001 年宪法 / 55

第三节 国家机构 / 56

一 行政机构 / 56

二 联盟议会和岛屿议会 / 61

三 司法机构 / 63

CONTENTS
目　录

第四节　主要政党 / 64

第五节　防务 / 66

　　一　军队概况 / 66

　　二　主要军事行动 / 67

第四章　经　　济 / 71

第一节　经济概况 / 71

第二节　农业 / 73

　　一　农业概况 / 73

　　二　农业管理 / 75

　　三　种植业 / 77

　　四　渔业 / 80

　　五　国际援助 / 81

第三节　工业 / 82

第四节　交通与通信 / 83

　　一　交通 / 83

　　二　电信网络 / 84

第五节　旅游业 / 86

第六节　财政与金融 / 88

　　一　财政收入与国际援助 / 88

　　二　货币流通 / 90

　　三　银行体系 / 91

　　四　金融政策与法规 / 92

CONTENTS
目 录

第七节　对外贸易／93

　　一　出口贸易／93

　　二　进口贸易／94

第五章　社　　会／97

第一节　国民生活／97

　　一　贫困人口／97

　　二　就　业／100

　　三　移　民／102

　　四　社会保障／104

　　五　物价水平／105

第二节　社会治理／107

　　一　社会规范／107

　　二　社会治安／108

第三节　医疗卫生／109

　　一　发展概况／109

　　二　医疗卫生机构／112

第四节　环境保护／113

　　一　主要环境问题／113

　　二　环保政策与措施／116

第六章　文　　化／123

第一节　教育／123

CONTENTS
目 录

一　教育简史／123

二　教育管理／124

三　教育体制／126

四　教育改革／129

第二节　科学机构与文化设施／130

第三节　文学艺术／133

一　文学与戏剧／133

二　音乐与舞蹈／133

三　传统手工艺／135

四　艺术中心／136

第四节　体育／136

一　体育概况／136

二　体育设施／137

第五节　新闻出版／138

一　报刊与通讯社／138

二　广播与电视／139

三　互联网／141

第七章　外　交／145

第一节　外交概况／145

第二节　与法国的关系／146

一　科法关系简史／146

二　马约特岛争议／148

三　法国对科摩罗的援助／149

CONTENTS

目 录

第三节　与非洲国家的关系 / 151

　　一　与坦桑尼亚的关系 / 151

　　二　与南非的关系 / 152

　　三　与马达加斯加的关系 / 153

　　四　与毛里求斯的关系 / 154

第四节　与阿拉伯国家的关系 / 154

　　一　与卡塔尔的关系 / 155

　　二　与沙特的关系 / 155

第五节　与美国的关系 / 156

第六节　与印度的关系 / 157

第七节　与日本的关系 / 158

第八节　与中国的关系 / 159

　　一　中国与科摩罗关系简史 / 159

　　二　经贸关系 / 161

　　三　中国对科摩罗的援助 / 163

　　四　文教合作 / 164

大事纪年 / 165

参考文献 / 173

索　引 / 179

第一章

概　览

第一节　国土与人口

一　地理位置

科摩罗联盟（Union of Comoros）简称科摩罗，是西印度洋上的一个非洲岛国，位于莫桑比克海峡北端入口处，东、西距马达加斯加和莫桑比克各约 300 千米，距坦桑尼亚约 670 千米，战略地位极为重要，被称为"海峡的门户"。科摩罗国土面积为 2236 平方千米（包括马约特岛），由大科摩罗岛（Ngazidja）、昂儒昂岛（Anjouan）、莫埃利岛（Mohéli）、马约特岛（Mayotte）四岛组成，岛上多火山，分布着陡峭的山脉和低矮的山丘。科摩罗本土作家西提·赛义德·尤索夫（Sitti Saïd Youssouf）形象地将四个岛屿喻为"镶嵌在马达加斯加和莫桑比克海岸之间的四颗小巧而富有生气的石头"。

大科摩罗岛是科摩罗最大的岛，面积为 1148 平方千米，科摩罗首都莫罗尼（Moroni）位于该岛的西岸。大科摩罗岛沿海可见狭窄平原，气候温暖湿润。岛的北部为海拔 650 米的高原；南部为海拔 2360 米的卡尔塔拉活火山（Kartala），它是科摩罗的最高峰。

昂儒昂岛是科摩罗的第二大岛，面积为 424 平方千米，首府为穆察穆杜（Mutsamudu）。昂儒昂岛为火山岛，多崎岖山地，最高海拔为1575 米。

莫埃利岛面积为290平方千米，是科摩罗群岛中最小的一个岛，首府丰波尼（Fomboni）位于该岛北部。莫埃利岛为火山岛，最高峰为穆泽·库库勒（Mze Koukoulé），海拔为790米，北部海岸的丰波尼和西南部的尼欧玛乔亚（Nioumachoua）是该岛的主要城镇。

马约特岛的面积为374平方千米，首府为马穆楚（Mamoudzou）。马约特岛主要由大陆地岛（Grande-Terre）、小陆地岛（Petite-Terre）以及环绕这两个岛屿的几个小岛组成，大陆地岛的贝拿勒斯山（Mlima Bénara）海拔660米，为马约特岛的最高峰。马约特岛现由法国实际控制。

二 气候与生态

科摩罗位于东经42°~46°，南纬9°~12°，属湿热海洋性气候，全年温差变化不大。整个群岛的年日照时长普遍超过2500个小时。首都莫罗尼的全年日照时长达2612小时，日均7.2小时。科摩罗群岛常年最高气温约35℃，最低气温约24℃。

科摩罗群岛面积虽小，但是由于各岛在地形和海拔方面的不同，气候也存在显著差异，出现了很多小气候。因气候变化幅度大，较难获取平均气温数值。关于科摩罗群岛的降雨量，当地人根据经验总结出规律，在迎风的西坡降雨量多，几乎不会出现干旱；而在背风的东坡，干旱情况则尤为显著。

科摩罗的陆地生态系统较为原始，各岛之间不尽相同。大科摩罗岛南部的卡尔塔拉火山是世界上最大的活火山之一，分布着很多种自然生长的植物以及许多特有物种和濒临灭绝的动物。莫埃利岛的陆地生态系统包括山脊森林和湖泊。在莫埃利岛的东南部，火山口湖迪兹尼－布祖基（Dziani-Boudouni）是科摩罗唯一的大型淡水湖，栖息着占世界总量1%的鹛鹏（tachybaptus ruficollis）、鸭子和迁徙鸟类。昂儒昂岛人口密度最大，农业耕作条件相对较好，但面临着过度开垦的问题。该岛的森林被大面积毁坏，目前只剩下一些高山和陡坡森林，约有500公顷的雨林和云林。

随着科摩罗人口的增长，一些地方水土流失严重，生态环境有逐渐恶化的趋势。沿海植物和低海拔植物遭到较严重破坏，高山森林相对保护得较好，但面积难以统计。在昂儒昂岛，只有难以耕种的陡峭斜坡保留了高山森林。

三 行政区划

科摩罗分为大科摩罗、昂儒昂和莫埃利 3 个自治岛。岛下设县、乡、村，大科摩罗、昂儒昂和莫埃利 3 个自治岛分别有 7 个、5 个、3 个县，共 24 个乡。各自治岛政府（马约特岛现为法国控制）在尊重国家统一的前提下，由行政长官领导，实行自治。

四 人口与语言

1. 人口

自 20 世纪 50 年代以来，科摩罗人口增长较为稳定，年增长率维持在 2%～3%。据 2020 年 7 月 Worldometers 统计数据，科摩罗人口数量为 869 601 人，在全世界人口排名中列第 163 位。其中，城市人口占总人口的 29.4%，中值年龄为 20.4 岁。科摩罗是世界上人口最稠密的国家之一，人口密度达每平方千米 467 人（见表 1－1）。持续增长的人口对科摩罗有限的土地和资源造成了巨大压力，净移民人口多年来维持负增长。2017 年，高达 25% 的科摩罗人口居住在国外。每年都会有大批科摩罗人迁移到法国实际控制的马约特岛。科摩罗移民目的地主要包括法国本土、马达加斯加和法属留尼汪等。

表 1－1 1955～2020 年科摩罗人口统计数据

年份	人口数量（人）	人口流动数量（人）	中值年龄（岁）	出生率（‰）	人口密度（人/千米²）	城市人口比例（%）	城市人口数量（人）	占世界总人口比重（%）	人口数量世界排名（位）
2020	869601	－2000	20.4	4.24	467	29.4	255487	0.01	163
2019	850910	－2000	19.8	4.52	457	28.5	242720	0.01	163
2018	832347	－2000	19.8	4.52	447	28.4	236213	0.01	163

续表

年份	人口数量（人）	人口流动数量（人）	中值年龄（岁）	出生率（‰）	人口密度（人/千米²）	城市人口比例(%)	城市人口数量(人)	占世界总人口比重(%)	人口数量世界排名(位)
2017	813912	−2000	19.8	4.52	437	28.2	229918	0.01	163
2016	795601	−2000	19.8	4.52	428	28.1	223817	0.01	164
2015	777424	−2000	19.7	4.60	418	28.0	217892	0.01	164
2010	689692	−2000	19.1	4.90	371	27.7	190700	0.01	165
2005	611627	−2000	18.4	5.20	329	27.4	167440	0.01	166
2000	542357	−1200	17.7	5.60	291	27.4	148349	0.01	166
1995	475394	−600	17.1	6.10	255	27.7	131855	0.01	166
1990	411594	−900	17.0	6.70	221	28.0	115042	0.01	166
1985	355337	−900	17.2	7.05	191	26.0	92469	0.01	169
1980	307829	2000	17.5	7.05	165	23.7	72803	0.01	169
1975	257290	−1100	17.5	7.05	138	21.5	55406	0.01	170
1970	230054	−1100	17.7	7.05	124	19.6	44984	0.01	171
1965	207424	0	20.6	6.00	111	17.0	35328	0.01	170
1960	191121	−1223	19.6	6.60	103	12.5	23907	0.01	169
1955	175903	0	20.6	6.00	95	9.1	15922	0.01	170

资料来源：Worldometers。

　　科摩罗的族群主要包括阿拉伯人、非洲人、马来－印度尼西亚人和克里奥尔人。15世纪，随着设拉子定居点的建立，大批阿拉伯人移居科摩罗群岛，发展为群岛上最大的族群；非洲人则分为两个群体，其中一支名为咖吠哩人（Cafres），他们早于设拉子定居点的阿拉伯人来到群岛，另外一支是马高阿人（Makoa），是阿拉伯人从东非带来的奴隶后裔；马来－印度尼西亚人主要包括乌阿马查阿族（Oimatsaha）、安塔洛特族（Antalotes）和萨卡拉瓦族（Sakalava），因长期通婚，三个族群已无显著区别；克里奥尔人是法国定居者的后裔，主要分布在马约特岛上，信仰罗马天主教，主要以经营小种植园为生。

2. 语言

科摩罗境内使用的语言主要包括民族语言科摩罗语（Shikomor）以及法语、阿拉伯语、马夸语（Makua）、马尔加什语（Malagasy）和斯瓦希里语等 5 种外来语。科摩罗语并不是一门独立的语言，而是在科摩罗群岛上使用的 4 种方言的统称，分别为辛加济贾（Shingazidja）、欣祖尼（Shindzuani）、希摩（Shimaore）和希姆瓦利（Shimwali）。2009 年科摩罗宪法修正案规定，科摩罗的官方语言为科摩罗语，国家语言为法语和阿拉伯语。

科摩罗四个岛均有自己的方言，大科摩罗岛、昂儒昂岛和马约特岛的方言分别为辛加济贾、欣祖尼和希摩，这三种方言既用于口头交流，也有书面形式，用阿拉伯字母的誊写体和拉丁字母写成。莫埃利岛的方言为希姆瓦利，该方言没有文字，仅限于口语交际。无论是在苏丹统治时期还是在法国殖民统治时期，科摩罗语都没有任何地位，得不到官方认可。法国殖民统治之前，政府和学校等机构主要使用阿拉伯语，商贸交往领域多使用斯瓦希里语。法国殖民统治时期，政府和学校使用法语办公和教学，人们在日常生活交流中也开始使用法语。当时，所有的公示语（如招聘广告）必须使用法语。在全国各地的安全检查点，人们必须用法语与官员交流，甚至简单的算术问题也需要用法语来表达。法国殖民统治时期，以法语主导的语言政策长期压制科摩罗民族语言的发展，造成了科摩罗的民族文化身份认同问题。

在摆脱殖民统治后，科摩罗的民族语言复兴问题逐渐受到重视。科摩罗语虽然在全国逐渐普及，但在整体上仍限于口头交流层面。20 世纪 70 年代，科摩罗总统阿里·萨利赫（Ali Soilih）认为，科摩罗语与阿拉伯语、法语一样，完全可以成为一门合格的工作语言。他表示，若忽视民族语言的发展，科摩罗将会面临文化身份认同危机，并且从根本上限制科摩罗经济、社会和文化的发展。直到 1996 年宪法才将科摩罗语纳入官方语言。

五　国家象征

1. 国旗

科摩罗国旗于2001年设计，并于2002年1月7日正式采用。科摩罗国旗为长方形，旗面左侧为绿色三角形，其中绘有白色新月和4颗白星；右侧自上而下由黄、白、红、蓝4个梯形宽条组成。新月是伊斯兰教的标志，也有"月亮之国"之意，绿色则是伊斯兰教的神圣之色，象征生命和希望；4颗白星和4条宽条色带分别代表组成科摩罗群岛的4个岛屿：蓝色代表大科摩罗岛，黄色代表莫埃利岛，红色代表昂儒昂岛，白色则代表马约特岛。

2. 国徽

科摩罗国徽为圆形，圆面中央是八面扇形图案，扇形上、下部分分别用法文、阿拉伯文写着"科摩罗联盟"。国徽最外环为绿色月桂枝叶图案，由法文写成的"统一、团结、发展"连接成环。八面扇形图案上绘有一轮新月，新月上有4颗五角星，其中新月象征科摩罗信奉伊斯兰教。

3. 国歌

科摩罗国歌是《伟大群岛的联合》（英语：The Union of the Great Islands，科摩罗语：Udzima wa ya Masiwa），于1978年采用，当年更改国名为科摩罗伊斯兰联邦共和国。科摩罗国歌作词者为赛义德·哈奇姆·西迪·阿卜杜拉曼（Said Hachim Sidi Abderemane），作曲则由阿卜杜拉曼与卡米尔迪安·阿卜杜拉（Kamildine Abdallah）共同完成。歌词中文大意为：

国旗高高飘扬

宣示着祖国的独立

祖国正在崛起

我们对这片热土充满信仰

让我为祖国奉献

热爱我们伟大的岛屿

我们科摩罗人血脉相通

我们科摩罗人信仰一致

我们在这里出生

祖国把我们养育

愿真主保佑我们

让我们矢志不渝

热爱祖国

笃信教义

关爱世界

国旗高高飘扬

七月六日祖国生日

各岛屿联合奋进

让我为祖国奉献

热爱我们伟大的岛屿

4. 国花

科摩罗国花是依兰（ylang-ylang）。依兰属番荔枝科，常绿乔木，花呈黄绿色，香气浓郁，可用来提炼高级精油，称为依兰精油，是一种用途广泛的日用化工原料。科摩罗是世界上主要的依兰精油出口国。

5. 国鸟

科摩罗国鸟是科摩罗蓝鸠（Comoros Blue Pigeon，学名 Alectroenas sganzini）。科摩罗蓝鸠是科摩罗和塞舌尔两国的特有物种。其自然栖息地位于海拔 500 米至 1500 米的湿润的低地森林、红树林以及山地森林。科摩罗蓝鸠的长度约为 27 厘米。雄性科摩罗蓝鸠重 134 克至 158 克，雌性重约 117 克。科摩罗蓝鸠颈部的羽毛颜色为银白色，喙呈绿色或黄灰色，尖端则呈现淡黄色或绿色。下胸为闪亮的紫蓝色，腹部和侧面的颜色是绿蓝色。颈部以下为黑色。

科摩罗蓝鸠为独居鸟类，但偶尔也会发现蓝鸠鸟群。它们通常在阿尔达布拉群岛之间飞行，昼出夜伏。因科摩罗蓝鸠的栖息地受到破坏，现存数量仅 10000 只左右。2017 年，科摩罗蓝鸠被列为世界自然保护联盟（IUCN）濒危物种。

6. 别称

"月亮之国"

早期往来于非洲东部海域的阿拉伯商人将科摩罗群岛命名为 kamar，kamar 在阿拉伯语中是"月亮之国"的意思。若从空中俯瞰科摩罗群岛，四大岛屿大致排列成弯月的形状，与"月亮之国"的名字较为契合。另有史料记载，"月亮之国"最初是阿拉伯人用来指代马达加斯加，后用来指代科摩罗群岛。

"香料之国"

科摩罗群岛由一群火山岛组成，火山喷发形成的熔岩经风化后形成了大片肥沃的土壤。当地的气候条件适合热带经济作物的生长，科摩罗居民大多从事农业生产。由于科摩罗以种植和出口香料作物为主，如依兰、丁香、香草、咖啡、茉莉和肉豆蔻等，因此科摩罗获得了"香料之国"的美誉，当地人也把科摩罗称为"几乎所有高级香精的生产基地"。

第二节　宗教与民俗

一　宗教

据美国中情局世界概况（The CIA World Factbook）2018 年的统计数据，约 98% 的科摩罗人信奉逊尼派伊斯兰教，什叶派伊斯兰教、天主教和新教等信众占总人口的 2%。科摩罗穆斯林非常虔诚，每天祷告五次，分别在黎明、中午、下午、傍晚和晚上，并且每次祷告的祈祷词都是不同的，通过祷告，人们向先知或圣徒表达崇拜和敬意。星期五是伊斯兰教的主麻日，人们穿上最好的衣服到清真寺参加聚礼。

伊斯兰禁烟酒，科摩罗政府颁布的《公共卫生行为准则》中明确规定，杜绝酗酒、吸烟等"社会弊病"，各类媒体禁止刊登酒精饮料和烟草广告。

二 节 日

科摩罗的节日分为两种，即国家法定节日和宗教节日。国家法定节日包括元旦（1月1日）、自治委员会政府第一任总统赛义德·穆罕默德·谢赫逝世纪念日（3月16日）、国际劳动节（5月1日）和独立日（7月6日）。宗教节日包括伊斯兰历新年、开斋节、宰牲节等伊斯兰教的节日。

1. 独立日

第二次世界大战后，科摩罗于1946年成为法国的"海外领地"，并获法国国民议会的代表权。科摩罗于1961年获内部自治权，后于1973年与法国达成了一项协议，计划于1978年获得独立。但在1974年12月举行的全民投票中，除马约特岛外的所有岛屿都支持独立。1975年7月6日，科摩罗议会通过决议，宣布包括马约特岛在内的所有岛屿独立，但法国拒绝承认，马约特岛现仍由法国实际控制。7月6日成为科摩罗的独立纪念日，以纪念国家摆脱殖民统治，取得独立自主的国家主权。独立日的庆祝活动以美食、文化表演为主，总统在独立日当天会发表演讲。

2. 斋月

伊斯兰斋月是伊斯兰历的第九个月份。伊斯兰教认为真主在这个月将《古兰经》颁降给穆斯林，九月成为一年之中最为吉祥和尊贵的月份。除老人、病人、孕妇、哺乳期妇女、幼儿以及作战的士兵外，科摩罗全体穆斯林在该月均应斋戒。

在科摩罗，"见新月"是一项非常隆重的宗教活动。当天晚上，人们手持火把向海岸会聚，火把发出的光映射到海面上。在看到斋月新月后，人们便开始敲鼓庆祝斋月的开始，庆祝活动一直持续到封斋饭开始。

斋月期间，科摩罗人外出办事必须安排在上午，所有政府机关在下午基本上空无一人。下午，街上行人稀少，平日喧闹的街头巷尾归于平静，商家店门紧闭，所有餐厅白天放假、晚上上班。日落时分，穆斯林开始诵念赞美真主之词，家人或朋友们聚在一起，以食物或饮料开斋，即"开斋小吃"（iftar）。

3. 开斋节

斋月结束后便迎来开斋节。开斋节的前一天，科摩罗穆斯林通常忙于准备各类糕点和果汁，修缮房屋。开斋节期间，所有人都会穿上新衣服。早上，男人去清真寺参加开斋节祈祷。其后，所有居民互相拜访、互致祝愿，并品尝专门为开斋节准备的糕点；下午和晚上，人们会组织聚会和游戏。科摩罗各岛的开斋节聚会和游戏形式各不相同。

三　民俗

1. 饮食

科摩罗人的饮食习惯受到非洲、南亚（以印度为主）、东南亚（以印度尼西亚为主）等国家和地区的影响。科摩罗人餐桌上的食物主要包括大米、土豆、红薯、玉米、鱼肉、羊肉、椰子、香蕉、柑橘和菠萝等。传统的菜肴以辣为主，多用本地生产的香料，如香草、丁香、豆蔻等。

科摩罗人的早餐形式各岛有所不同。比如在大科摩罗岛，早餐一般包括一杯热茶、面包和烤面包果。在昂儒昂岛和马约特岛，人们会喝热米汤。在莫埃利岛，人们一边喝热茶一边吃鱼和烤木薯。各岛的午餐类似，主要包括木薯、绿香蕉（油炸）、土豆、面包果（烤、炸或煮）。晚餐则以米饭为主。

传统的科摩罗人在用餐时，通常席地而坐，用手抓取食物吃。至今，农村地区的大多数民众仍保留了这一用餐习惯。科摩罗的城市居民则大多围坐桌旁，使用餐具就餐。

2. 婚姻

科摩罗人的婚礼有小婚（mna daho）和大婚（ada）两种形式。家境一般的家庭通常先登记结婚，再举办一个简单的结婚仪式，也就是所谓的小婚。小婚之后，待家庭经济条件改善后，还要耗费巨资举行一次大婚。富裕的家庭通常不经过小婚，直接操办大婚。尽管科摩罗极度贫困，但大婚的习俗世代沿袭。大婚的场面盛大，新郎和新娘身着奢华的礼服，礼服上要镶嵌几十甚至上百件黄金装饰物。近年来，一场大婚的费用可高达70000多美元。新郎承担大婚的大部分费用，同时还要向当地政府捐赠财物，新娘家庭承担的费用大致是新郎的三分之一。大婚期间会宴请亲朋好友、本村村民及村庄周边的政要、名流等。

在大科摩罗岛，大婚不仅仅是一场婚礼庆典，也是一种社会、经济和文化仪式。在科摩罗的文化传统中，有能力举办大婚的男性会得到当地社会的认可，成为当地"受人尊敬的人"，妻子及其家族也会因此享有较高的声望和地位。在科摩罗，20岁时登记结婚，在50岁时举行大婚的现象并不罕见。对大多数普通家庭而言，一场大婚意味着要花掉毕生的积蓄，但大多数科摩罗人对这种历史悠久的传统婚礼乐此不疲。20世纪70年代中期，科摩罗总统阿里·萨利赫曾提倡移风易俗，认为奢华的婚礼给家庭和社会增加了不必要的经济压力，并导致社会阶层分化，但是科摩罗大婚的风俗根深蒂固，萨利赫的努力最终没有成功。

科摩罗一直保留着传统的家庭观念。家庭成员之间通过血缘、婚姻或收养关系联系在一起。这种紧密的家庭或人际关系在社会生活中发挥了重要作用，一方面有助于维系和睦的家庭关系，另一方面极大减少了青少年犯罪和其他违法行为。

科摩罗人一般为一夫一妻，在经济能力允许的前提下，一夫多妻的情况也存在，但妻子的数量通常不会超过2个。第一次结婚时一般会举行盛大的婚礼，婚礼须在所在村庄或社区举行，以防止双方交换的财富外流。在科摩罗，丈夫可以直接提出离婚，无须向卡迪（穆斯林法官）提出；妻子若要解除婚姻关系，而丈夫不同意，则需要向卡迪提出离婚申请。孩子们在上学时间以外，需要履行家庭义务，如耕种、捕鱼、喂养家禽等。

3. 礼仪

科摩罗人以礼貌、幽默和好客著称。他们认为，无论在何种情况下，乐于分享和热心助人都是理所应当的事情，受到感谢反而让他们觉得无法理解。科摩罗社会内部长幼有序，无论长者的社会地位高低，都会得到尊重。

科摩罗人非常重视亲友之间的关系。在日常生活中，科摩罗人会花较长时间相互问候，有时甚至会询问对方的邻居、宠物和家畜的情况。在公共场合，男人见面一般会握手寒暄，一些年轻人则互相拍打对方的手。年长的女性会口头问候或握住对方的手。kwezi（音译：克韦兹，意为"尊敬的长者"）是称呼比自己年长的人时常用的敬词，直呼对方的姓氏在科摩罗被视为不懂礼仪的表现。与不认识的长者交谈时，适当的称呼形式是叔叔（mjomba）、父亲（mbaba）或母亲（mdzade），但如果认识长者的孩子、侄女或侄子，可以在这些称谓后面加上他们的名字。例如，如果老人儿子的名字是阿里（Ali），则可称呼他为 mbaba Ali，即阿里的爸爸；如果老人侄子的名字是阿里，则可称呼他为 mjomba Ali，即阿里的叔叔。

科摩罗人十分注重人际关系的维持，人们会定期拜访亲朋好友，若长期不联系亲友会被视为不合礼仪。在出国旅行前，旅行者一般要通知社区里的所有人，在出发前朋友和家人会向旅行者赠送礼物，旅行结束返回时要给家人和朋友带上一份礼物。

4. 服饰

科摩罗人一直保持着传统伊斯兰教的着装传统。男人头戴黄色小帽，身着白袍（boubou）。与其他伊斯兰国家不同的是，科摩罗的妇女不戴面纱。她们身着颜色鲜艳的长裙（shiromani），一块彩绸斜披在肩上，用磨碎的檀香木和珊瑚酱涂抹到脸上。近年来，受到欧美文化的影响，科摩罗人的着装风格也日渐西化，年轻人更喜欢 T 恤衫和西服。然而，科摩罗大部分民众仍然偏好传统服饰，尤其是老年人和妇女。

5. 社交

在科摩罗的正式社交场合，要求着装端庄，女性不能佩戴夸张的首饰，衣着不能过于暴露，领口要高，袖子应遮住肘部，裙摆长度应超过膝盖。虽然男性的着装要求没有女性严格，但也不能裸露胸部，不能穿短裤。异性间不能有过度亲密的举动，即使夫妻在社交场合也应保持适当的距离。

清真寺是科摩罗宗教文化的中心，也是科摩罗民众重要的社交场所，而公共广场是民众更日常的社交场所。男人们按宗族、年龄和社会地位坐在广场的一边，让最尊贵的人坐在最好的位置上，广场另一边的妇女们同样按照地位高低就座。人们聚在一起讨论新闻或邻里趣事，但通常不会讨论尖锐的政治或宗教问题。近年来，年轻男女更热衷在餐馆、俱乐部和迪斯科舞厅聚会。

科摩罗被誉为"月亮之国"，科摩罗人一直保留着崇拜月亮的传统习俗。每当月圆之夜，家家户户围坐在院子里，静静地等待满月升空。当月亮开始下沉时，人们才开口交谈，儿童嬉戏玩耍，男女青年载歌载舞，直至天明，到处都是欢乐祥和的气氛。

第三节　特色资源

一　名胜古迹

1. 新旧星期五清真寺

由于历史和宗教的原因，科摩罗群岛上清真寺随处可见。据统计，在科摩罗独立前，整个群岛有大小清真寺约 600 座，其中大科摩罗岛有 280 座、昂儒昂岛有 200 座、马约特岛有 85 座、莫埃利岛有 30 座，在首都莫罗尼平均不足 200 人就拥有一座清真寺。① 清真寺大多建在人口密集的市镇中心。在众多清真寺中，最引人注目的当属位于莫罗尼海滨的旧星期五清真寺，寺内的牌匾显示该寺落成于 1427 年 2 月 11 日。根据科摩罗民间传说，旧星期五清真寺建于各苏丹王国混战的时代。有一天傍晚，伊桑德拉苏丹王在大科摩罗岛南端安营扎寨，次日清晨被报晓的雄鸡唤醒。他认为这是一种吉兆，于是命令士兵在雄鸡啼叫的岩石对面，用火山岩混合珊瑚灰盖起了这座清真寺，首都莫罗尼也起源于此。

科摩罗宗教领袖大穆夫提哈比卜·奥马尔·本·艾哈迈德曾提议修建一座更加宽敞的清真寺。他的继任者大穆夫提穆罕默德·阿卜杜拉曼最终将这一愿望变为现实。1992 年，阿联酋沙迦酋长国的王子卡西米（Al

---

① 黄陵渝：《科摩罗的伊斯兰教》，《中国穆斯林》1991 年第 6 期。

Qassimy）访问科摩罗，决定援建新清真寺，并承担总修建费用的 80%。1998 年 7 月 17 日，在总统塔基以及各岛、各方的共同努力下，新星期五清真寺落成。沙迦酋长国代表团专程前来参加新清真寺的落成仪式。新星期五清真寺的修建在科摩罗政界、宗教界和民众中引发了不小的争议。首都莫罗尼的长老们对将旧星期五清真寺搬到新区并不看好，认为这并不能代表城市的历史。尽管存在争议，但如今新星期五清真寺已经取代旧星期五清真寺，成为科摩罗新的宗教中心。

2. 莫埃利岛海洋公园

1997 年，科摩罗政府在联合国开发计划署等机构的资助下，发起了一个名为"科摩罗伊斯兰联邦共和国保护生物多样性和可持续发展"的项目（简称"生物多样性项目"）。正是在该项目的支持下，莫埃利岛海洋公园得以规划和修建。莫埃利岛海洋公园是科摩罗第一个正式公布的自然保护区，科摩罗政府希望通过社区合作的方式管理海洋资源，减轻人口增长、资源过度开发和贫困等问题对社会、经济和环境造成的威胁。

在科摩罗政府的可持续发展战略中，莫埃利岛海洋公园的规划、建设和管理都具有重要的意义。莫埃利岛海洋公园一方面有助于渔业、当地经济和海洋环境保护；另一方面可以通过生态旅游增加当地民众的收入，防止沿海栖息地遭到破坏，保护地球生物多样性。

莫埃利岛海洋公园在项目的初期取得了成功，但是近年来，公园的管理日渐松弛。2003 年，该项目以生物多样性保护恢复的名义延长了两年。至 2005 年，相关资助全部结束。由于资金短缺等问题，莫埃利岛海洋公园在社区管理方面陷入困境，旅游人数急剧下降，各项规章的监督和执行形同虚设，园内的偷猎行为日益猖獗。

3. 卡尔塔拉火山

卡尔塔拉火山位于大科摩罗岛南部，是世界上最活跃的火山之一，也是科摩罗的最高峰。火山口周长约 15000 米、最大直径 3200 米，海拔 2560 米。火山周围遍布死火山锥、火山湖和熔岩流。卡尔塔拉火山西侧迎风面受西北季风影响，年降水量达 5400 毫米以上，是环印度洋地区降水量最为丰沛的区域之一。该区域森林密布，但近年来因砍伐过度，森林的面积骤减。1900～1965 年，卡尔塔拉火山先后喷发 11 次。最近一次喷发在 2005 年底，火山喷出的灰云柱曾导致大科摩罗岛上 20 余万居民饮水困难。

二 主要城市

1. 莫罗尼

莫罗尼位于大科摩罗岛西海岸，面积约 30 平方千米。1975 年科摩罗独立后，莫罗尼成为国家的首都，全国的政治、经济和交通中心。科摩罗被称为"月亮之国"，莫罗尼自然被称为"月亮之都"。莫罗尼北部的主要市镇包括伊桑德拉（Itsandra）、恩索吉尼（Ntsoudjini）、乌埃拉（Ouellah）、巴哈尼（Bahani）、巴特萨（Batsa）、瓦纳万古尼（Vanambouani）和瓦纳杜（Vanadjou），南部主要包括伊科尼（Ikoni）、姆沃尼（Mvouni）、达乌尼（Daoueni）和塞勒阿（Selea）等。

莫罗尼的西面是浩瀚的印度洋，东面、南面和北面被茂密的椰林围绕。整座城市的规划设计和建筑样式具有浓郁的阿拉伯风格，城内清真寺和朝圣中心众多，新星期五清真寺是穆斯林的宗教活动中心。莫罗尼主要的旅游景点有伊桑德拉附近的海滨、红树林，密扎米欧里码头（Mitsamiouli Beach）的预言者洞穴（Trou du Prophète）及火山形成的盐湖等。莫罗尼市区的街道狭窄而弯曲，整座城市静谧安详，四处弥漫着依兰的清香。近郊山坡上椰林、香蕉丛、芭蕉丛郁郁葱葱，成片的依兰竞相开放，漫山遍野是硕果累累的杧果树和香草。

2. 穆察穆杜

穆察穆杜始建于 1482 年，阿拉伯人、波斯人、印度人、索马里人和马达加斯加水手和商人陆续来此定居，穆察穆杜在 17 世纪曾是科摩罗群岛最繁华的城镇。目前，穆察穆杜是昂儒昂岛首府所在地，城市面积约 30 平方千米，下辖 5 个县。

整座城市依照斯瓦希里－什拉兹风格建造而成，城市建筑极具特色，随处可见建于 17 世纪的房屋、清真寺和城堡。穆察穆杜是科摩罗前总统艾哈迈德·阿卜杜拉·穆罕默德·桑比（Ahmed Abdallah Mohamed

Sambi）的故乡。经济以香料种植为主。穆察穆杜拥有天然的深水良港，位于莫桑比克和马达加斯加之间的斯瓦希里港自古以来就是非洲东部重要的中转站。比姆比尼（Bimbini）的海滩景色宜人，班宝（Bambao）建有香水提炼工厂。

3. 丰波尼

丰波尼位于莫埃利岛的北部，是莫埃利岛的首府所在地。面积约 21 平方千米，下辖 3 个县。丰波尼以种植茉莉、依兰、丁香而闻名，早在 15 世纪，就通过昂儒昂岛的穆察穆杜港将香料运往法国，用来制造顶级香水。丰波尼的主要旅游景点包括莫埃利岛海滨、阿布利斯客栈等。珊瑚礁环绕的水下胜景、鸟兽鱼虫繁多的热带雨林，让丰波尼成为外国游客的度假天堂。整座城市具有浓厚的法兰西风情，一年四季都弥漫着的依兰香，到了秋天，浓郁的香草味笼罩着整座城市。

4. 马穆楚

马穆楚建于 1841 年，位于马约特主岛的东北部，现为法属马约特岛的首府所在地，面积约 42 平方千米，是全岛人口最密集的城市。整个城市分为 6 个社区，分别为 Kawéni、Mtsapéré、Passamainty、Vahibé、Tsoundzou I 和 Tsoundzou II。马穆楚的经济以农业为主，主要生产香草等香料。

马穆楚是一个具有典型法兰西风格的城市，拥有绵延的优质海滩和形态各异的珊瑚礁，吸引了大量外国游客前往休闲度假。马穆楚毗邻马约特岛的潟湖，乘船进入潟湖观看海豚和鲸鱼是当地旅游业的一大亮点。此外，近年来由于海岸改造，大片红树林已不复存在，当地政府将仅存的部分红树林进行保护，建立了专门的保护区，现在红树林已成为马穆楚海岸景观的重要组成部分。

三 建筑艺术

阿拉伯人和马达加斯加人是最早来到科摩罗的族群。此外，阿拉伯苏丹统治科摩罗长达几个世纪，因此科摩罗的建筑风格具有浓厚的阿拉伯色彩。此后，从 19 世纪上半叶法国入侵至 1975 年宣布独立，科摩罗遭受了一百多年的殖民统治。在法国的影响下，科摩罗的建筑不可避免地具有浓郁的法兰西特色。

科摩罗的建筑技艺代代相传。传统的科摩罗式样的房屋用深色玄武岩建造，上面涂有珊瑚灰、混有秸秆的泥浆和椰子叶。近年来，水泥和金属板取代了岩石和椰子叶，成为建造房屋的主要材料。房子通常建有前院，作为家庭成员活动的场所。

科摩罗其他的建筑，如清真寺、宫殿、公共广场以及有圆顶和柱子的坟墓则用石头建造，人们会在壁龛、天花板和门上雕刻几何图案、花卉图案，以及古兰经经文。科摩罗伊斯兰教清真寺多以阿拉伯式建筑风格为基础，结合当地的建筑传统进行适当的改造。在科摩罗，清真寺是一个具备多功能的建筑群，包括廊殿、宣礼塔、沐浴室等，教徒可以在清真寺进行多种多样的宗教活动。

除了清真寺和传统民居，科摩罗的学校建筑也颇具特色，其中最著名的当属伊斯兰教经学院，它是由科摩罗伊斯兰教协会创办的一所伊斯兰教高等学府。伊斯兰教经学院的建筑，既具有伊斯兰教建筑的特色，又融入了科摩罗本土的传统建筑风格。学院建筑群功能齐全，行政办公楼、教学楼、图书馆、宣礼塔、礼拜殿和沐浴室等一应俱全。同时，伊斯兰教经学院的建筑设计注重与周围自然环境的有机融合。建筑的颜色以白色为主基调，门板和墙上多见极具特色的月亮装饰板。伊斯兰教经学院已成为科摩罗重要的人文景观之一。

第二章

历　史

第一节　古代简史（15 世纪之前）

一　早期居民

关于科摩罗的早期历史，因为缺乏史料，无法确切考证。第一批到达群岛的可能是植物采集者、猎人或动物饲养者。群岛上曾发现尖锐的岩石薄片工具以及燃烧痕迹，但缺乏更为充分的人类活动考古学证据支持。自20 世纪 80 年代以来，随着考古学、语言学、遗传学等学科的发展，有关科摩罗早期历史的研究取得了重要突破。联合国教科文组织编著的《非洲通史》、中国学者许永璋编著的《非洲五十四国简史》、美国学者 Wynne-Jones 和 LaViolette 编著的《斯瓦希里世界》（*The Swahili World*）等相关著述，认为科摩罗群岛的早期居民包括阿拉伯人、古代马达加斯加人、东非人和东南亚人。

早在公元纪年前，阿拉伯人就长期在东非沿海和印度洋地区经商，公元初年成书的《古红海环航记》（*The Periplus of the Erythraean Sea*）记载了阿拉伯人在印度洋的贸易活动。公元 2 世纪，希腊地理学家克罗狄斯·托勒密（Claudius Ptolemaeus）在《地理学指南》（*Guide to Geographia*）中记录了阿拉伯人在印度洋上的贸易路线。自公元初年起，阿拉伯人开始与马达加斯加西北部的萨卡拉瓦人进行贸易，将科摩罗群岛作为贸易中转站，并陆续移居岛上。

马达加斯加岛在地理上毗邻科摩罗群岛，古代马达加斯加人以及迁往马达加斯加的古代印度尼西亚人，很可能途经科摩罗群岛并留居此地。据考古研究发现，昂儒昂岛的瓦尼至今保留着传统类型的陶器，尤其是饭锅的形状和装饰风格与马达加斯加的同类器物十分相似；昂儒昂人和一些马达加斯加人禁止捕捞鳗鱼的做法非常相似，马达加斯加对鳗鱼的命名与昂儒昂岛一样，均由印度尼西亚语的词汇派生而来。20 世纪 80 年代，在昂儒昂岛的考古遗址中发掘了一批年代约为公元 5~6 世纪的陶器碎片，其中发现一种被称作马吉卡沃（Majikavo）的当地陶器，饰以贝壳形的花纹，与马达加斯加北部诸遗址所发现的陶器有某种相似之处。

在科摩罗群岛登伯尼时期（Dembeni Phase）的遗址中，曾发掘出一种当地生产的颇具特色的红黑色陶器，与同时期基尔瓦和曼达较深的地层中所发现的陶器类似。大科摩罗岛曾发掘出具有东非特征的墓葬，墓主是一个尸骸保存完整的成年人，具有东非人的身体特征，并按东非风俗切掉门牙，头朝南埋葬。据此推断，群岛的早期定居者有东非沿海民族。这与大科摩罗岛关于祖先来自非洲大陆的传说大致吻合。民间流传，在大科摩罗岛最南端的曼伯尼（Membeni）海滩曾出现说班图语的自称森林人（Wanyika）的居住者。据大科摩罗岛的赛义德·巴卡里（Said Bakari）于 1897 年编写的《大科摩罗岛编年史》记载，第一批居民从肯尼亚海岸姆里马（Mrima）来到大科摩罗岛，建造了村庄。从语言学角度来看，大部分科摩罗人讲的班图语，与肯尼亚北部海岸和东非海岸的斯瓦希里语密切相关。从遗传学角度来看，现代科摩罗人遗传基因主要来自非洲人类，但因缺乏 DNA 研究证据，尚无法揭示科摩罗人种发生变化的具体时间。

东非海岸和岛屿出土的古生物显示，公元 7~8 世纪东非海岸和近岸岛屿农作物主要是非洲作物，如高粱和珍珠粟，以及少量亚洲作物水稻和中东作物小麦。科摩罗农作物主要是亚洲作物，如水稻、绿豆和棉花，非洲作物则较为少见。这些亚洲作物的起源地为东南亚，由此推断公元 8 世纪之前已有东南亚人移居科摩罗。马达加斯加的主要种植作物同样是亚洲作物，最早种植时间约为公元 10 世纪。上文提到的登伯尼时期一种以贝壳形花纹装饰的陶器，与当时非洲东海岸通常生产的以三角形图案装饰的陶器不同，而与东南亚部分岛屿生产的陶器风格大致相同，这项考古学证据也支持古代东南亚人曾移居科摩罗的观点。但从语言学角度来看，未发现科摩罗语言与古代东南亚语言存在相似之处，很可能东南亚人在科摩罗定居后，语言被非洲班图语逐渐取代。

在此后更晚的时期，随着印度洋区域贸易的兴盛以及穆斯林势力的扩张，以阿拉伯人为主，设拉子人、班图人、东非沿海斯瓦希里各民族，以及欧洲葡萄牙人、法国人等陆续来到科摩罗，通过通婚等形式逐渐融合，形成了科摩罗民族的主体。

二 早期社会

关于科摩罗群岛政权最早出现地目前尚无定论。根据当地传说，它很可能是在昂儒昂岛。较之其他三岛，昂儒昂岛的水源更为充足，更适宜农业耕作和人类居住，在地理位置上也居于四个岛屿的中心。

目前已知最早的古代政权首领为贝贾（Beja）和法尼（Fani）。由于缺乏考古学、语言学和历史学研究资料，人们对于贝贾的了解甚少，贝贾和法尼的统治时期在具体年代上也较难区分。贝贾在9世纪时可能已经出现，根据岛上口头传说，"设拉子人掌握植物学、医学和制药方面的知识，可以避免疾病的危害，人口迅速增长，后来向更远的地方扩散，并选出了首领，称为贝贾"。贝贾可能是指最早的设拉子首领。一些苏丹国也发现了这一名称，如 Fabedja。法尼在11世纪已经出现，是设拉子人的首领，也是伊斯兰部落酋长，建造了岛上最早的清真寺。自12世纪以来，法尼的影响力日益扩大，在此后的三个世纪内逐渐超越并取代了贝贾。受东非习俗的影响，男性或女性都可担任这些政权的首领。

关于群岛的社会形态，学界对公元8~10世纪登伯尼时期有较为明确的认知。登伯尼位于马约特岛，在科摩罗群岛的考古发掘中，考古学家发现该地区的居住点遗址非常具有代表性。考古学家亨利·怀特（Henry Wright）将这一时期命名为登伯尼时期。这些居住点分布在四个岛屿上：大科摩罗岛包括曼伯尼、纳玛维（Gnamawi）、巴昔尔（M'Bachile）三处，莫埃利岛有莫德瓦（Mro Dewa）一处，昂儒昂岛包括锡马（Sima）、多莫尼（Domoni）两处，马约特岛有登伯尼（Dembeni）和孔戈

（Kongo）两处。其中，巴昔尔遗址靠近大科摩罗岛西海岸的一处海湾，锡马遗址位于昂儒昂岛南岸海拔50～100米的山脊上，附近有永久淡水水源，登伯尼遗址位于马约特岛东岸海拔60米的山脊上，能俯瞰该岛最大的淡水河源头，三处遗址都已出现做工精致的饮食器皿和进口陶器，说明对外贸易活动较为活跃。在这一时期，每个岛屿至少有一个占地3～5公顷的大型村庄，每个村庄可容纳500人以内。考古发掘发现，该时期的社会等级观念较为薄弱，贫富差异不明显。居民大量种植水稻，也种植一些其他谷物及棉花、椰子、竹子，基本可以实现自给自足。同时发现当时的居民已掌握捕鱼技术，能够驾驶独木舟，使用渔网、渔线、长矛等工具在近海和湖泊捕获鱼类、海龟和贝类，也捕猎马岛猬，饲养山羊、鸡、牛等家畜。掌握了冶炼技术和木材加工技术，能够生产贝珠等手工艺品。出现了纺锤和简单的服装制造业。普遍使用从马达加斯加进口的皂石煮食锅。这一时期还出现了一种新的中东陶器，即彩色刻花陶器，马吉卡沃陶器采用一种更加简单的花纹，被称为汉荣德罗。

　　11～14世纪，群岛的部分居住点发生转移，小村庄开始聚集在城镇周围，并出现了一定程度的社会等级。每个岛屿的人口均超过1000人，随着人口的增长，农业生产的规模日益扩大。这一时期的陶器生产量较大，同时使用珊瑚灰等原材料烧制水泥和灰泥。各岛的陶器在造型上极为相似，表明各岛相互之间的联系频繁。13世纪后，登伯尼开始衰落，逐渐被同岛的钦贡尼（Tsingoni）取代。13～14世纪，大科摩罗岛的居住点开始向东海岸转移，内陆居住点依然较多，考古发现大量坟墓和石头建筑遗址。11～13世纪，昂儒昂岛的锡马和多莫尼已经出现城镇，这些城镇的占地约8公顷，另外还有两个占地约3～4公顷的大村庄和两个占地约0.3公顷的小村庄，各定居点较为分散。至14～15世纪，定居点数量增加到10个，最大的定居点仍然在锡马和多莫尼，面积已扩展到11公顷。锡马和多莫尼以古代清真寺闻名，考古发掘发现了11～12世纪科摩罗群岛采用石头建造的清真寺遗址，还发掘了另外五座13世纪的清真寺，其中一座清真寺位于莫罗尼，经修缮后至今仍在使用。这些清真寺与非洲东海岸的清真寺在整体设计和细节上较为相似。目前，莫埃利岛的居住点还未发现 15 世纪之前建造的清真寺和建筑物遗址。

科摩罗地处印度洋多条贸易通道的交会点，一直是重要的中转站和补给站，对外贸易成为其社会经济发展的重要组成部分。古代科摩罗群岛主要有三个贸易港口，均建有石头建筑，占地 5～15 公顷不等。登伯尼港口规模最大，主要在 9～13 世纪使用，占地约 14 公顷，建有防风设施；古锡马港口在 9～16 世纪使用，建有防风设施；莫德瓦港口在 9～15 世纪使用，港口的条件一般，未建防风设施。科摩罗群岛很早便参与印度洋地区的多边贸易，主要与撒那威、索哈尔、基尔瓦、曼达、沙加等城市进行贸易活动。在东非斯瓦希里文明兴盛期，东非沿海特别是来自基尔瓦的船只，频繁与科摩罗和马达加斯加交易，主要商品包括东方的陶器、中东的（不透明的涂锡的）陶器，以及玻璃器皿和其他奢侈品。科摩罗群岛的进口商品主要包括来自近东和南亚的碗、罐，中国的陶瓷；同时向印度和中东出口铁、树木、树胶、海贝和海龟。科摩罗人与马达加斯加人到索法拉海岸寻找黄金和奴隶，从马达加斯加转运绿泥石片岩、黄金、大块水晶，销往埃及、波斯等地，用于制造奢侈品。1154 年，阿拉伯地理学家艾德里西（Al-Idrisi）在地图上标注了科摩罗群岛的位置，地图所附的文字描述了科摩罗群岛与印度尼西亚东部的贸易活动。15 世纪，著名的阿拉伯海员伊本·马吉德（Ibn Majid）绘制了科摩罗和东非沿海港口蒙巴萨、桑给巴尔、基尔瓦之间的航线。到 16 世纪，科摩罗群岛已经成为区域贸易的中心，向东非和中东的港口出口大米、龙涎香、香料和奴隶，以换取鸦片、棉布和其他物品。

三 伊斯兰教的传入

公元 7 世纪初，伊斯兰教在阿拉伯半岛开始兴起，随后传入科摩罗。根据科摩罗当地的传说，632 年，大科摩罗岛居民派遣了一位名为 Mtswa-Mwindza（或 Said Muhammad）的使者到圣地麦加朝见先知穆罕默德，使者回来后即带领同胞开始信仰伊斯兰教。在大科摩罗岛北部的一处渔村遗址发现了伊斯兰墓葬。从墓葬的时间推算，科摩罗人在登伯尼时期已经开始信仰伊斯兰教。

伊斯兰教在科摩罗的传播主要有两个因素：一是政治因素，随着非洲大陆阿拉伯封建政权的更迭，阿拉伯王室为逃避迫害，前后几次大规模迁入科摩罗群岛，建立新的政权，带来大量穆斯林人口；二是贸易因素，由于东非沿海商业据点的兴起以及斯瓦希里航海术的广泛传播，穆斯林经常成群结队自东海岸来到科摩罗群岛和马达加斯加设立商贸据点，开始在群岛传播伊斯兰教。随着穆斯林统治地位的确立，15世纪群岛最终完成伊斯兰化。

公元615~617年，因古莱什人对穆斯林迫害日益加剧，先知穆罕默德允许其追随者迁到阿比西尼亚（今埃塞俄比亚），科摩罗群岛上开始出现穆斯林。公元660年，为逃避部族间因争夺哈里发继承权引起的战祸，许多阿拉伯人移居到非洲东北沿海地区和印度洋诸岛，其中一部分来到科摩罗。公元975年，穆斯林波斯设拉子（起源于伊朗设拉子市）地方的王子哈桑·伊本·阿里带领全家人分乘7艘大船从波斯南部出发，来到东非海岸，以基尔瓦为中心，建立了强大的僧祇帝国，在昂儒昂岛上建立了居民点。约40年后，由于内部争斗，阿里的一些后代移居马约特岛。公元13世纪前后，波斯湾设拉子人和红海地区的阿拉伯人大批移居科摩罗。13世纪末，基尔瓦王朝发生政变，希拉齐王子流亡大科摩罗岛。15世纪逊尼派穆斯林在昂儒昂岛和马达加斯加岛建立新的设拉子定居点，建立起真正意义上的苏丹国。新到来的逊尼派势力与当地政权首领的女儿朱姆贝（Jumbe）通婚，开启了以"卡迪"（Qadi，教法执行官）、"纳伊布"（Naib，村庄法官）和"马吉里斯"（Madjelisse，法理学家团体）为主的新司法体制，与此前移居岛上的什叶派、扎伊德派、伊巴迪派穆斯林势力形成竞争关系。

第二节　近现代简史（16世纪~1975年）

一　苏丹统治时期（16世纪~1912年）

1. 苏丹政权概况

随着15世纪大量阿拉伯人和设拉子穆斯林的到来，科摩罗群岛在16

世纪建立了数个信仰逊尼派的小苏丹王国。在 19 世纪法国殖民统治开始之前，苏丹政权一直在岛上居于统治地位。这些小政权散布各岛，自称是先知穆罕默德的后裔，遵循正统教义，常年因争夺贸易资源和合法血统问题而互相混战，没有形成统一的政权。这一时期，四岛名义上接受昂儒昂岛苏丹的统治，在地域上被看作一个整体，并在宗教上统一为伊斯兰教，具备了民族国家形成的重要条件。

昂儒昂岛上的苏丹，通过与其他岛屿苏丹王室的政治联姻，逐渐扩大统治范围。但这种统治极不稳固，时有脱离昂儒昂岛"独立"的事件发生。昂儒昂岛目前已知最早的苏丹为阿利玛三世（Alimah III），是一位女性，于 1676 ~ 1711 年在位。根据当地传说与欧洲人留下的记录，这位女王是四个岛屿的最高首领，被尊奉为王朝的女家长。继她之后到 1912 年最后一位苏丹退位，昂儒昂岛先后出现 15 任苏丹，其中约一半苏丹的在位时间不超过 5 年。

大科摩罗岛的苏丹数量最多，统治力量相对较强，共同组成了政权联盟，但内部非常松散。目前文献资料记载了 10 ~ 12 个苏丹国的名字，主要苏丹国有班吉尼（Badjini）、班宝、伊桑德拉，其余苏丹国包括迪马尼（Dimani）、多玛（Domba）、哈玛内（Hamahamet）、哈曼乌（Hamanvu）、哈姆布（Hambu）、曼布库（M'Boinku）、巴德（M'Budé）、米兹苏尼（Mitsamihuli）、瓦齐尼（Oichili）等都从属于它们。1893 年，岛上最后一位苏丹宣布退位。

莫埃利岛最初是昂儒昂岛苏丹国的附属，因不甘被长期控制，多次发起争取"独立"的运动。莫埃利岛曾于 1689 年猛烈进攻昂儒昂岛，导致昂儒昂岛损失惨重，近半数的沿海城镇荒废。至 19 世纪上半叶，莫埃利岛建立了独立的苏丹政权，随后被马达加斯加统治者控制。1830 ~ 1909 年，该岛前后共有 12 位苏丹首领。

马约特岛的苏丹国成立于 1500 年，目前已知 15 位苏丹的姓名。在奥马尔·本·阿里苏丹（1643 ~ 1680 年）统治时期曾强盛一时，后因继承人争夺权力，以及加勒比海盗和萨卡拉瓦人的袭扰，逐渐走向衰落。1832 年，马约特岛苏丹国被马达加斯加的博伊纳（Boina）国王安德里安索利

（Andriantsouli）征服，后又被莫埃利岛和昂儒昂岛征服，1836 年再次被安德里安索利控制，直到被法国侵占。

各岛的苏丹贵族占领了大量土地，主要使用奴隶耕作，有时也征用当地农民劳役耕种。苏丹统治时期社会主要有三个阶级：居于顶层的苏丹贵族阶级，中间阶层的自由人或平民，处于最底层的来自非洲海岸的奴隶及其后代。阶级矛盾时有激化，岛屿原住民因土地被苏丹贵族和移民来的阿拉伯人大量侵占常爆发反抗斗争。据史料记载，1774 年昂儒昂岛内陆农民联合奴隶掀起了大规模的抗争运动，不断进攻沿海的苏丹政权，历时半个多世纪。

因地处西印度洋多条交通线上，各岛经常遭受海盗和马达加斯加人的威胁。海盗常以科摩罗群岛为据点，劫掠过往商船，17 世纪海盗活动尤为猖獗。16～18 世纪马达加斯加西海岸的萨卡拉瓦诸国需要更多的劳动力从事农业种植。由于从马达加斯加的其他地区获得劳动力越来越困难，萨卡拉瓦人开始在科摩罗群岛甚至非洲大陆东南部进行劫掠。1785 年，萨卡拉瓦人大规模攻击科摩罗群岛，劫掠了大批科摩罗人，用独木舟运到马达加斯加、毛里求斯以及留尼汪岛出售。科摩罗统治者向欧洲国家请求援助但未得到回应，劫掠直到萨卡拉瓦王国被马达加斯加中部高地的梅里纳人（Merina）征服之后才最终结束。由于长时间的侵扰，距离马达加斯加最近的马约特岛人口急剧减少。16 世纪的马约特岛人口有 10000 余人，但到 1843 年法国接管时仅存 3000 人左右。

近代以来，对外贸易一直是科摩罗群岛经济发展的重要组成部分，苏丹统治者通过积极参与印度洋航线贸易获取了大量收益。因独特的地理位置及巨额利润的驱使，近代的科摩罗奴隶贸易极为兴盛。到 17 世纪初，奴隶已成为科摩罗最重要的出口项目之一。马达加斯加岛是大西洋和印度洋奴隶贸易的重要输出地，经过科摩罗，运往东北非、红海沿岸和波斯湾的奴隶贸易市场是当时奴隶输出的主要路线之一。昂儒昂岛上有许多来自马达加斯加的奴隶，他们被运往阿拉伯半岛交换印度的棉花和鸦片。据联合国教科文组织编著的《非洲通史》记载，17 世纪中期，博伊纳湾的奴隶（大多数是儿童和青年）价格为 2～4 个 1/8 里亚尔，运到昂儒昂岛后，这些奴隶的价格是博伊纳的 4 倍，运到马林迪，价格是博伊纳的 10 倍，待到达红海地区时，价格还会再翻一倍。据估计，1865年科摩罗高达 40% 的人口由奴隶组成。当地贵族以拥有大量奴隶作为身份和地位的象征。虽然法国殖民政府在科摩罗早已废除了奴隶制①，但其影响遗留至今。在今天的科摩罗，男性娶第二个或第三个妻子时往往会选择奴隶的后裔。

　　2. **法国殖民统治的建立**②

西方各国早在 16 世纪就已经来到科摩罗群岛，但在很长时间内群岛各方势力并未发生冲突，相互之间保持着一定程度上的友好关系。据记载，欧洲的船长们在抵达群岛时，会送给当地统治者短剑或手枪作为礼物，在离岛时会给苏丹及港口官员送去推荐信。后续抵达的船长通过推荐信与苏丹及港口官员接洽，继续保持友好往来。当时，西方各国宣布在科摩罗群岛保持中立立场，不干涉岛屿的内部事务，不提供任何军事保护或援助。因频繁遭到海盗和马达加斯加人的袭击，各岛屿多次向西方各国求援，要求协同防卫，但大多都遭到了拒绝。

葡萄牙是最早到达科摩罗的西方国家，葡萄牙水手早在 15 世纪初即登陆科摩罗岛。1527 年，葡萄牙制图师迪奥戈·里贝罗绘制的世界地图中就已经标注了科摩罗群岛。16 世纪，葡萄牙曾计划占领这些岛屿，但因岛屿的自然条件恶劣，难以有效统治，最终放弃了占领计划。

对荷兰、德国等活跃在印度洋地区的西方国家而言，科摩罗群岛并非其重点的殖民地区，因此它们对科摩罗也没有过多关注。英国一度在昂儒昂岛保持着强大的势力。昂儒昂岛由于自然条件相对优越，被英国选中为其航运补给站和贸易据点。从 18 世纪开始，英国开始放弃中立的立场，给予昂儒昂岛贸易和军事支持。在英国的帮助下，昂儒昂岛不仅控制了群岛的贸易，而且在与其他三个岛屿的斗争中占据了明显的优势。随着双方

----

①　马约特岛于 1846 年率先废除奴隶制，昂儒昂、莫埃利、大科摩罗三岛分别于 1891 年、1902 年、1904 年废除奴隶制。

②　本节部分内容参考许永璋、王严、武涛《非洲五十四国简史》，浙江人民出版社，2014，第 309～318 页。

关系进一步发展，英国在科摩罗群岛的影响力也逐渐扩大。据记载，19世纪中期，一位名叫威廉·森利（William Sunley）的英国领事，作为英国在科摩罗群岛的非官方代表，曾在岛上经营一个拥有600名奴隶的大种植园。

法国在印度洋的存在可以追溯到17世纪初。随着海军力量的不断增强，法国先后占领了留尼汪岛、罗德里格斯群岛、毛里求斯、塞舌尔，但并未对科摩罗群岛产生兴趣。昂儒昂岛的苏丹在1816年曾写信给法国国王路易十八，请求他派一支法国军队来保护岛屿，但未得到回应。

19世纪，英法在印度洋地区的争夺日趋激烈，法国于1814年被迫割让毛里求斯、罗德里格斯和塞舌尔，失去了在印度洋的部分港口。1840年，法国收购了马达加斯加西北海岸的诺西贝岛作为转运港口。1841年，法国的印度洋舰队计划在印度洋打造一个安全便利的军事基地，派法国驻留尼汪岛的海军上将与马达加斯加在马约特岛的统治者谈判，购买马约特岛。1843年6月13日，经法国政府批准后，马约特岛正式被法国占据，接受留尼汪总督的管辖。随后，法国侵占莫埃利岛，因强行推行基督教，遭到女王朱姆贝·法提玛（Jumbe Fatima 或 Djoumbe Fatouma）和岛上居民的激烈反抗。

大科摩罗岛由于港口荒凉，民风强悍，在较长时期内没有遭到外国势力入侵。后来，德国东非公司的施密特访问大科摩罗岛，此举立即引起法国的注意。因担心大科摩罗岛落入德国手中，法国立刻采取军事行动，占领了大科摩罗岛。19世纪中叶，苏丹阿里（Said Ali）统一了大科摩罗岛，他在1886年与法国签订了一项协议，宣布该岛为法国的保护地，以换取法国对他统治的支持。

1886年，英国从昂儒昂岛退出，法国宣布莫埃利岛、昂儒昂岛和大科摩罗岛均为其"保护地"。至此，科摩罗四岛全部被法国占领，划归法国驻留尼汪总督管辖。1908年，四岛统一归入马约特岛殖民地名下，成为法国马达加斯加殖民区的一部分。1912年，各岛废除了苏丹制，科摩罗群岛殖民地正式建立，在马约特岛的藻德济建立首府。法国殖民统治者与科摩罗签订了一系列不平等条约。条约规定，科摩罗未得到法国同意，不得将领土割让、交由外国占领或抵押，不得与其他国家有经济、外交往来，在军事上必须无条件服从法国指挥。法国从此控制了科摩罗群岛的一切政治、经济和外交大权。

二　法国统治时期（1912～1975 年）

1. 从殖民地到海外自治领地

法国在科摩罗实行间接殖民统治制度，将经济掠夺与政治控制相结合。殖民者用经济利益诱使土著酋长为法国效力。少数法国大企业控制着群岛经济命脉，同时与当地封建势力紧密合作，形成了较为牢固的利益关系。法国选择土著酋长的标准很严格，首先要忠于殖民当局，其次要通晓法语、熟悉法国行政事务。因此，许多原本不具备世袭权的土著，如翻译、公司职员等，因符合以上标准开始担任较低等级的区酋长。

法国奉行"壮大法兰西民族"的同化理论，在殖民地推行法语和法国生活方式。依据 1912 年颁布的《入籍法》，凡任公职 10 年以上，拥有一定财产，受过法国教育或服军役获奖者，可以取得法国公民权。虽然科摩罗民众据此获得公民权的比例不到千分之一，但这一政策笼络了一批传统贵族势力和土著精英。

1914～1947 年，科摩罗群岛殖民地划归法国驻马达加斯加殖民当局管辖，划分为 14 个县级地方行政区域。1925 年，法国殖民当局允许在这些岛屿建立地方行政机构。1942 年 9 月至 1946 年 10 月，科摩罗群岛一度被英国占领。

二战后，法国进行宪制改革，扩大非洲地区的选举权，允许殖民地"臣民"同法国公民一样参加选举，并从海外领地选派代表加入法国议会。1946 年 10 月，法国通过新宪法，将殖民地改为"海外领地"，每个领地成立由选举产生的领地议会，将大总督改为高级专员，总督改为专员，同时决定吸收非洲人进入法国政府任职。但领地议会不能通过法令和决议，只能向法国政府和国民议会提出有关建议和意见。各领地仍由法国政府任命的高级专员和专员统治。高级专员和专员只对法国政府海外领地部（其前身即殖民部）部长负责，不向领地议会负责，并有权解散领地议会。根据法国这一新宪法，科摩罗群岛脱离马达加斯加殖民政府，成为法国的一个海外领地，在法国国民议会中有一个代表的席位。该席位长期由忠于法国殖民统治的贵族赛义德·穆罕默德·谢赫占据。他长期担任法国国民议会中的科摩罗议员，控制着科摩罗的政治。1958 年以后，科摩罗在法国国民议会中的席位扩大至两个，另一席位由赛义德·易卜拉欣（Said Ibrahim）长期占据，并增加一个参议院席位，由艾哈迈德·阿卜杜拉·阿卜杜拉曼长期担任。1952 年，科摩罗建立了自己的海关制度，1956 年成立了领地议会，取代此前的科摩罗地方议会。1958 年领地议会总部从藻德济迁至莫罗尼。首位领地议会主席由谢赫担任。

1956 年，法国颁布《海外领地根本法》，各殖民地因此有了从自治到独立的可能性。该法规定，各海外领地建立"半自治共和国"，成立政府委员会，扩大普选权。但各领地的政府委员会仍然以法国政府任命的法国高级专员为首，非洲籍部长只协助其工作，且只能由高级专员提名产生。领地政府不对领地的立法机关负责，各领地的自治权仍然极为有限。1957 年 8 月，科摩罗政府委员会在四个岛屿选举产生，设内政部、经济事务和规划部、财政部、公共设施和旅游部、农村发展部、公共卫生部、就业部、文化事务部、教育部等，负责政府的行政和公共服务事务。为平衡各党派势力，法国专员担任委员会主席，穆罕默德·艾哈迈德（Mohamed Ahmed）担任副主席，赛义德·易卜拉欣掌管财政。

根据 1958 年通过的法兰西第五共和国宪法，法兰西联邦改为法兰西共同体，承认共同体成员享有自治权和成为有权自由处理其经济、财政等事务的自治国家。但是，成员国的国防和外交仍受法国控制，且须放弃独立权，一旦成员国宣布独立，就必须退出共同体。同年 10 月，科摩罗举行公投，由于独立的条件尚未成熟，最终以压倒多数投票结果决定继续留在法国，但科摩罗本土势力希望获得更多自治权。1961 年 12 月，科摩罗颁布了一项内部自治宪法，成为法国的"海外自治领地"，获得完全内部自治权。此后，领地议会改为自治领地立法议会，法国专员不再担任政府委员会主席职务。1962 年 5 月，科摩罗成立了新的自治政府委员会，由 6~9 名部长组成，谢赫取代法国专员担任主席；同时成立了自治领地立法议会（或称众议院），每届任期 5 年，共有 39 个席位。各岛屿成立地方政府和立法机构。1961 年，科摩罗首府从马约特岛的藻德济迁到大科摩罗岛的莫罗尼。

2. 政治力量和社会矛盾

自治领地期间，科摩罗本土政治力量主要包括：保守派势力，即传统贵族集团，他们与法国政府关系密切；土著精英，他们不享有传统世袭权，依靠学识和技能参与殖民政权。科摩罗本土政党于 20 世纪 50 年代开始登上历史舞台，一类是代表传统贵族利益的保守派，另一类则是接受新思想，但力量较为弱小的改革派。

科摩罗民主联盟（UDC）和科摩罗人民民主大会（RDPC）是科摩罗国内势力最大的政党，均是保守派政党，同时在 1968 年成立。科摩罗民主联盟又称绿党（Parti Vert）①，政策立场最为保守，首任主席为赛义德·穆罕默德·谢赫。艾哈迈德·阿卜杜拉·阿卜杜拉曼在绿党党内享有崇高的地位，他是一名种植园主，同时担任法国国民议会的代表，在谢赫去世后继任该党主席。该党的中央委员会由 24 人组成，4 个岛各占 6 人，每年召开 3 次会议。

科摩罗人民民主大会又称白党（Parti Blanc），主要由公务员、教师、企业主等中产阶级组成，具有一定的改革意识，主席为赛义德·易卜拉欣。白党的组织结构与绿党相似，中央委员会在 4 个岛屿均设有由 9 名成员组成的区域委员会，负责处理各岛的党务工作，每年召集一次全国会议。两个政党均与法国保持密切的关系，积极争取法国在经济规划和基础设施方面的援助。在科摩罗政界，两个政党相互竞争，通过政府任职保持政治上的平衡。绿党长期在议会中占有相对多数席位，但在 1970 年谢赫去世后，白党开始在议会中占据优势。

1972 年，改革派政党科摩罗发展党（PEC）成立，三党谋求政治合作，共同建立了科摩罗发展联盟（UEC）。同年，易卜拉欣离开白党后，

① 绿党、白党之称与种族、肤色无关，指选票颜色。因选民多不识字，选票用不同颜色予以区分。谢赫的支持者用绿色选票，易卜拉欣的支持者用白色选票。

成立了科摩罗人民党（UMMA），该党成员较为复杂。其他较为活跃的政党还有马约特人运动（MM）、科摩罗社会民主党（PSDC）等。

虽然国内亲法势力占据主导地位，但是内部矛盾依然尖锐。因历史和经济原因，各种族集团、各岛屿之间存在诸多矛盾纷争。由于首府的迁移，马约特岛的政治地位和经济地位下降，逐渐表现出分离主义倾向。此外，中央集权的加强不断压缩着各岛的自主权，各岛由此对中央的不满情绪日益高涨。在大科摩罗岛，小部分有社会影响力的人士反对同法国维持紧密联系，主张与桑给巴尔苏丹重新建立关系。同时，越来越多的青年科摩罗人对社会现实表示不满，他们的诉求包括更多的教育机会和教育资源、社会现代化和机会均等，公开批评阶级区分、特权、浪费等传统习俗，抨击富人和权贵垄断政治权力。受到非洲民族独立运动浪潮的影响，科摩罗人的民族意识开始觉醒，提出了民族独立的要求。但是，政府对各种反对势力及其相关活动进行严密监控和打压。

3. 社会经济概况

政府基金和规划　法国政府通过海外发展基金（援助合作基金，后来改名为社会经济投资与发展基金）向科摩罗提供建设资金，用于促进农业、教育、卫生和交通事业发展。1962 年，科摩罗从法国政府方面得到的直接投资，包括社会经济投资与发展基金在内，总额约 733.7 万新法郎。同时，法国为了减少科摩罗的预算赤字（每年预算赤字达 1150 万新法郎），每年提供 254 万新法郎的资金。1947～1965 年，法国政府先后为科摩罗制订了两个四年计划和两个五年计划，支持科摩罗政府机构的改革、旅游业的发展、教育和农村居民社会福利的改善，但效果并不理想，只有部分目标得到实现。

人口　科摩罗群岛容纳了法属海外领地几乎一半的人口，由于医药条件和经济条件的改善，人口死亡率持续降低，人口出生率持续升高。1900～1960 年，群岛人口增长了约 50%。

土地　法国殖民者占据了整个群岛 35% 的土地和 2/3 以上的耕地。传统贵族失去了部分土地，但仍然保留了奴隶后代或农民劳役耕种方式。

马约特和莫埃利两岛的人口相对较少，而昂儒昂和大科摩罗两岛人口过多，耕地严重不足。无地和少地的农民与政府、大地主的矛盾日益加剧。虽然政府推行了相关改革措施，如 1959 年昂儒昂岛曾把属于尼屋马开莱公司的土地重新分配，并改革租地制度，但是改革遭遇到极大的阻力，无法从根本上缓和阶级矛盾。

贸易　科摩罗的运输业和进出口贸易都为法国资本所控制。科摩罗的主要贸易对象为法国，其次是德国和马达加斯加。科摩罗是世界上第二大香草出产地。科摩罗主要出口物资是香草、香精、椰子干、剑麻、可可、丁香、咖啡、胡椒、木材和泥土（用于建筑的熔岩）等。法国香料工业所用的香精，70% 来自科摩罗群岛。科摩罗主要进口商品是粮食、工业产品等。一些新式的现代船只用于运送进出口货物，直接服务于殖民公司和大地主，普通民众用旧式的木船运送基本的生活用品、土产品和牲畜。

种植园经济　法国殖民公司和富有的本地阿拉伯商人开辟了大批种植园，将大约 1/3 的土地用于种植出口经济作物。法国在占领马约特岛后曾大力建造甘蔗种植园，但后来逐渐衰落，最终完全废弃。其他岛屿种植依兰、香草、咖啡（种植失败）、可可豆和剑麻等作物。种植园农产品的出口收入基本都流向了法国，科摩罗本地仅少数人从中获益。

工业　由于基础设施薄弱，资源匮乏，科摩罗不具备大规模发展工业的条件。科摩罗缺乏矿产资源，没有熟练的技术人才。当地工业仅限于对当地生产的初级产品如西沙尔麻、香草和其他香料进行加工，提炼香精或者制造罐头食品。较之印度洋其他岛国，科摩罗的技术条件不具备竞争力。莫罗尼生产的肥皂比从马达加斯加或马赛进口的价格要高得多，高品质果酱及蜜饯果品一般由留尼汪和马达加斯加进口。

4. 民族解放运动的兴起[①]

科摩罗人民一直通过各种形式反抗法国的殖民统治。1915 年 7 月 27

---

① 本节部分内容参考〔法〕安德烈·鲍德《科摩罗群岛》，《亚非译丛》1965 年第 12 期；许永璋、王严、武涛：《非洲五十四国简史》，浙江人民出版社，2014，第 309~318 页。

日，大科摩罗岛的乔马尼（Djomani）村村民因未支付人头税逃往森林，与当地的殖民政府官员发生冲突。8月初，冲突双方人数超过500人，乔马尼村村民坚决抵抗并向其他村庄求援。抵抗运动迅速蔓延，马达加斯加总督亲自带领警卫镇压，最后在当地知名人士的协助下才得以平息暴乱。1940年，昂儒昂岛发生了更为猛烈的抗争，原因是政府在战争期间征用种植园工人服劳役，工人们拒绝工作，进行大规模罢工以示抗议，后演变为工人对政府的武力袭击。

二战后，科摩罗人民的民族意识觉醒，民族解放运动蓬勃兴起。法国在政治上压迫，经济上剥削，获得的收益基本输往法国本土，而科摩罗人民则极度贫穷，国家极其落后，双方矛盾不可调和。由于本土政治势力亲法且保守性极强，科摩罗民族解放运动最初在国外兴起，通过由外而内的方式推进。

接受新思想的青年学生在科摩罗民族解放运动中发挥了重要作用。民族主义政党科摩罗民族解放运动于1963年由科摩罗海外青年留学生在坦桑尼亚首都达累斯萨拉姆成立，领导人是阿卜拉·萨卡里·波伊纳（Abdou Bakari Boina）。科摩罗民族解放运动逐渐发展壮大，成为科摩罗独立运动的发起人和主力军。该党以坦桑尼亚为基地，通过传单和电台广播向国内民众宣传独立思想，明确提出反帝国主义、殖民主义和种族主义的口号，号召科摩罗人民摆脱殖民枷锁，争取民族独立。

1968年，科摩罗民族解放运动出现新形势，掀起了武力斗争的高潮。2月，科摩罗青年学生在首府莫罗尼市举行游行示威，反对法国殖民统治，大批群众参加。示威游行持续了3天，高中学生的罢课持续了一个多月。示威期间，大约有200名学生和莫罗尼市民被逮捕，被判监禁2至5年不等。面对殖民当局的镇压，科摩罗人民采取了更加激烈的斗争方式。3月，科摩罗民族解放运动发言人宣布，科摩罗民族主义者在科摩罗群岛的法国人居住区引爆了炸弹，号召科摩罗群岛人民以武装斗争的方式反对法国的殖民统治。科摩罗民族解放运动得到了非洲统一组织解放委员会的支持。同年9月，非洲统一组织部长理事会通过关于科摩罗群岛的决议，呼吁法国政府允许科摩罗群岛人民行使自决权和独立权，要求联合国中的非洲组织把该岛列入联合国非殖民化的非洲自治国的名单中。

在争取独立的斗争中，科摩罗民族解放运动提出了政治纲领。纲领的重点是：①为了准备和组织科摩罗人民取得完全独立，承认一切政党；②通过法律改革现行的选举制度，承认科摩罗公民享有选举权，明确选举人的范围和界限，每个候选人都享有被选举资格；③在国际组织（如联合国、非洲统一组织）的调解下经选举或公民投票，确定国家独立的日期。

科摩罗社会主义党（PASOCO）认同这一政治纲领。该党成立于1969年8月，以学生和青年人为主要成员，是科摩罗的合法政党之一。科摩罗社会主义党与科摩罗民族解放运动建立了密切联系，公开支持民众的抗争运动。科摩罗社会主义党成立后迅速吸纳了大批政治家加入，成为推动科摩罗独立进程的重要政治力量。

随着国内外反帝反殖民热情的日益高涨，科摩罗自治政府对越发激烈的抗争运动疲于应付，不得不将独立问题提上议事日程。1968年，官方政党科摩罗人民民主大会成立，谴责科摩罗社会主义党的"独立主义者的提法"，提出了所谓"内部自治"范围内的另一种政治主张，在要求保持法国人统治的同时，积极争取更大的政治自由。同年，科摩罗民主联盟成立，因内部意见不一致，1970年12月，5名政府成员辞职，要求政府制定一个"能反映整个群岛各族人民愿望"的新纲领。1971年6月，科摩罗民主联盟举行新一轮选举，但未对独立危机提出解决办法。自治政府委员会主席易卜拉欣声明，独立或许不可避免，但实现真正的独立必须首先发展经济，科摩罗显然还不具备足够的条件获得独立。

迫于内部压力，1972年12月科摩罗议会向法国提出正式独立的要求，同时选举阿卜杜拉曼担任新的政府委员会主席。1973年，科摩罗政府与法国政府举行谈判，6月15日签署了联合声明。根据该声明，科摩罗在5年内实现独立，独立的同时与法国仍然保持友好关系，同时确定了科摩罗以全民投票的和平方式获得独立。7月，马约特岛分裂分子发动暴乱，反对联合声明。11月，莫罗尼发生骚乱，众议院被烧毁，紧张局势进一步加剧。科摩罗的各民族主义政党组成了民族统一阵线，要求立即实行彻底独立的五点主张。他们的行动得到非洲国家和非洲人民的支持。1974年举行的非洲统一组织第11届非洲国家政府首脑会议通过决议，全力支持科摩罗人民争取独立。

1974年11月，经过激烈博弈，科摩罗群岛和法国政府在计票问题上达成一致，决定按照全岛整体投票并计票，每个岛屿单独公布选票。1974年12月，科摩罗就独立问题举行全民公投，全岛95%的居民赞成独立，马约特岛则有65%的居民反对独立。但是法国违背了承诺，不仅未按期在投票后6个月内对投票结果进行裁定，而且在1975年7月3日提出一项新的条件，要求科摩罗每个岛屿必须通过一部共同宪法才能获得整体独立。由于法国方面出尔反尔，科摩罗议会于1975年7月6日通过决议，单方面宣布独立，成立科摩罗共和国。

第三节　当代简史（1975年以后）

一　科摩罗共和国时期（1975年7月~1978年10月）

1. 独立初期的困境

科摩罗共和国成立之初，积贫积弱，政局不稳，社会发展水平落后，国家面临重重困难，举步维艰。科摩罗农业人口众多，耕地不足，大部分人口极端贫困。民众严重营养不良，健康状况极差，医疗卫生条件原始，流行性疾病肆虐，人均预期寿命仅为49岁。国民教育落后，大部分人未受过教育。

科摩罗的经济基础极度薄弱。几乎没有工业和金融行业，只有数量极少的小型软饮料装瓶厂、锯木厂、砖厂、小型肥皂厂、香料加工厂等，以及一家商业银行BNC。出口贸易严重依赖依兰、椰子、香草和丁香等农产品。粮食作物产量小，肉、糖、粮食几乎全部靠进口。科摩罗在对外贸易中存在巨额逆差，外汇储备极低。畜牧业、渔业、旅游业发展极其有限。基础设施落后，尤其是道路系统不完善，制约了各行业的发展。港口设施简陋，昂儒昂岛的穆察穆杜和大科摩罗岛的莫罗尼两个码头只能容纳小型船只停泊，大型远洋船舶必须在海上卸载给小型帆船，或者在达累斯萨拉姆或留尼汪港口转运，在转运期间商品经常被盗。科摩罗群岛仅莫罗尼和穆察穆杜两个港口有公共电源供应，电力成本极高，供水不稳定且水质差。

科摩罗严重依赖法国支援，在宣布独立后，法国停止了对其直接财政援助，并于 1975 年 12 月撤回所有技术人员，而科摩罗本国技术人员匮乏，导致多个关键部门瘫痪。1976 年，科摩罗的商业活动和公司数量急剧下降，甚至停止运营。经济总量和增长速度显著下降，1974 年人均GDP 约为 200 美元，1976 年下降至 184 美元，1977 年进一步下降至 160美元。科摩罗财政严重入不敷出，政府不得不大幅裁员，压缩公务员的工资支出。此外，国家由于弱小，同时缺乏管理经验，极易受到外国势力的干涉，政权动荡不安。

科摩罗独立后，与法国关系紧张，关于马约特岛的归属问题成为两国长期争端的焦点。1975 年 12 月，法国在国际舆论压力下承认科摩罗独立，但仍占据马约特岛，坚持通过马约特岛公民投票以决定其是否独立。1976 年 2 月，马约特就独立问题再次举行公民投票，99.4% 的民众选择留在法国，法国据此将其纳入"法兰西共和国领地行政单位"（Collectivite Territoriale）。

2. 萨利赫改革

1975 年 8 月 3 日，共和国成立不到一个月，前武装部部长、科摩罗民族统一阵线成员阿里·萨利赫通过政变上台，随后宣布成立"全国执行委员会"。该委员会由 13 人组成，四岛均派成员参加，主席由国家元首赛义德·穆罕默德·贾法尔亲王（Said Mohamed Jaffar）担任。委员会宗旨是无条件地彻底革命；维护国家领土的完整；将自治领地时期的领地议会改为国民议会；建立临时执行机构和全国人民议会，负责起草科摩罗宪法和行使立法权，为召开国民议会做好准备。执行委员的主要任务是同各方进行协商，充分发挥政府的主导作用，扭转国家不利形势。1976 年 1月，以萨利赫为总统的科摩罗新政府成立。

萨利赫对外奉行反帝反殖和积极中立的外交政策，为维护国家主权和民族独立做出了一系列努力。1976年8月，科摩罗和坦桑尼亚发表联合公报，谴责超级大国在印度洋争霸，主张印度洋为和平区，反对种族主义和犹太复国主义，主张国家统一、领土完整，呼吁非洲统一组织尽快帮助协调解决马约特岛的主权问题。

萨利赫执政期间进行了改革。一是宣布走社会主义公有制道路，对本国的经济和土地分配制度进行改革，采取一些发展农业的措施，组织渔业生产合作社，集体捕鱼，改变用独木舟个人捕鱼的落后现状。二是推行较为激进的社会革命，废除传统的面纱风俗、大婚风俗和葬礼仪式。同时，修改国旗，代表革命的红色条格被放大，且位于代表伊斯兰先知的绿色条格之上。他强调青年人在革命中的核心作用，将选举人年龄降至15岁，动员科摩罗青年包括年轻妇女进入革命民兵组织（Moissy），在村庄里对传统长老和清真寺进行暴力抵制。科摩罗的旧贵族和大地主强烈反对和抵制改革，认为这些改革措施背叛和破坏了科摩罗的传统。

萨利赫执政期间，反对势力一直存在，随着国内外一系列不利事件的发生，政府面临的形势变得异常严峻。1976年6月5日，马约特岛持不同政见者占领了穆察穆杜机场，试图推翻政府，政府军平息了军事政变，39人被逮捕，373名军官被迫辞职。1976~1977年，科摩罗粮食极度短缺，政府将有限的出口创汇收入用来购买大米和其他主食。1976年12月，马达加斯加发生骚乱，约17000名科摩罗侨民被马国遣返。1977年4月，卡尔塔拉火山爆发致使大约2000人流离失所。1977年，由于财政预算等原因，大约有3500名公务员被解雇。为了增加财政收入，萨利赫颁布法令，征收新税。1978年3月，莫罗尼以南的伊科尼镇（Iconi）渔民抗议政府强制出售渔获物。随着科摩罗政治、经济和社会危机日益加深，人民对政府的信心逐渐丧失。在1977年10月举行的公民投票中，只有55%的选民支持政府提出的新宪法。

1978年5月14日，德纳尔的雇佣军发动政变，基本未受到科摩罗武装部队抵抗，前后仅持续了三小时便告结束。流亡法国的艾哈迈德·阿卜杜拉·阿卜杜拉曼重获政权。

二 科摩罗伊斯兰联邦共和国时期（1978 年 10 月 ~
2001 年 12 月）

1. 阿卜杜拉曼执政时期

1978 年 10 月，阿卜杜拉曼就任总统，科摩罗进入伊斯兰联邦共和国
时期。阿卜杜拉曼成为科摩罗独立后任期最长的一位总统。

阿卜杜拉曼执政初期，通过制定新宪法，协调国家与岛屿的权力分
配，缓和社会矛盾。1978 年 10 月，99% 的选民投票支持通过新宪法。新
宪法结合了联邦制和集中制，在每个岛屿建立地方议会作为立法机关，赋
予岛屿更大的自治权；将伊斯兰教恢复为国教，作为"管理国家的准
则"，承认非穆斯林的信仰自由，获得了民众的广泛支持。同时，召回了
被萨利赫解雇的 3500 名政府官员。阿卜杜拉曼大肆清除萨利赫的残余势
力，不但在政变期间杀害了萨利赫政府成员，还于 1979 年逮捕了政府中
的萨利赫前政权成员，另外有 4 名前政府部长失踪，约 300 名萨利赫支持
者未经审判就被监禁。

阿卜杜拉曼在政府内削减其他党派的势力，通过一党制确保连任。
1982 年 2 月，国民议会颁布了政党禁令，科摩罗成为一党制国家。1983
年 5 月，阿卜杜拉曼担任主席的政党科摩罗进步联盟（UCP）进行重组，
成为共和国唯一的合法政党。在 1984 年 9 月的全国大选中，阿卜杜拉曼
作为唯一候选人赢得了超过 99% 的选票，再次当选为总统，任期 6 年。
1985 年初，取消了总理一职，总统集国家元首、军队最高长官和政府首
脑于一体；剥夺了国民议会议长的许多权力，包括在现任总统死亡时成为
临时国家元首的权力，该项权力转移给由总统直接任命的最高法院院长。
阿卜杜拉曼先后多次对内阁进行改组，以清除内阁中潜在的竞争者。1989
年科摩罗再次修宪，11 月 4 日获公投通过，原宪法第 16 条"总统任期最
长为两届"修改为"可连选连任"，阿卜杜拉曼获得第三次连任总统的
机会。

阿卜杜拉曼借助雇佣军的力量清除反对势力。1978 年政变后，雇佣
军首领鲍勃·德纳尔迫于国际压力离开，但在 20 世纪 80 年代初再次公

开回到科摩罗，担任总统卫队队长，总统卫队的编制独立于科摩罗政府武装部队。德纳尔长期生活在科摩罗，不仅皈依了伊斯兰教，还与当地妇女结婚，以此巩固雇佣军在科摩罗政权中的地位和影响力。1983年7月，在岛屿议会选举期间，总统卫队逮捕了抗议一党制的示威者。1985年3月，约30名军人与被政府取缔的民族主义政党民主阵线（FD）联合发动政变，但很快便被总统卫队镇压，3名军人被杀，其余人员被俘。1987年3月国民议会选举期间，总统卫队逮捕了数百名持不同政见者。1987年11月，阿卜杜拉曼在埃及访问期间，因反对派企图释放政府关押的政治犯引发政变，总统卫队逮捕了14名嫌疑人，杀害了其中7人，嫌疑人由雇佣军单独控制，政府官员无权讯问。由于国内外局势的复杂变化，阿卜杜拉曼与德纳尔的合作关系持续到1989年结束。

在经济方面，阿卜杜拉曼实行自由化经济政策，主张自由经济体制，保护公民私有财产，鼓励私人和外国人投资兴办企业，大力扶植私营经济的发展，支持个人开办中小型企业。积极发展农业，扩大种植经济作物和粮食作物，鼓励农产品进行商业交易。政府获得了法国、南非、欧共体、阿拉伯国家以及世界银行、阿拉伯非洲经济发展银行和非洲开发银行等国家、地区及区域金融机构的大量援助，对道路、通信和港口设施进行了改造和修缮。同时，先后制订了1983～1986年临时发展计划和1983～1990年发展计划。但整个20世纪80年代，科摩罗的经济发展仍然停滞不前。

阿卜杜拉曼全面恢复旧的土地制度，允许封建贵族收回他们的土地，允许土地和商业的垄断行为，从而导致地方家族势力膨胀，经济命脉被阿卜杜拉曼、艾哈迈德和卡尔法尼三大家族所控制。在总统的默许和纵容下，家族企业、雇佣军、政府官员大量参与并控制国家经济。当时科摩罗最大的进出口公司由总统家族控制，雇佣军首领德纳尔不仅参与了该进出口公司，还拥有一家私人保安公司（SOGECOM），长期利用特权进行情报搜集。

在外交方面，阿卜杜拉曼奉行和平、中立、不结盟政策，赞成区域性合作，要求建立国际经济新秩序。他主张裁军，反对大国间的军备竞赛。主张印度洋为和平区，赞成南南合作。注重与外界建立良好关系，通过访问利比亚和波斯湾国家增进科摩罗与伊斯兰世界的联系，重视与中国、尼日利亚和坦桑尼亚等国家的关系。阿卜杜拉曼曾于 1978 年 11 月访问中国。

在科法关系方面，阿卜杜拉曼依靠法国支持上台后，大量吸收法国人参加科摩罗政府并担任要职；法国帮助科摩罗训练军事力量；法国海军拥有科摩罗港口的使用权。科摩罗政府每年行政开支的一半来自法国的援助。1978 年底，科摩罗又与法国签订了一揽子合作协定，包括友好合作条约以及经济财政和货币协定等。但在马约特岛问题上，阿卜杜拉曼态度强硬，坚持马约特岛是科摩罗群岛不可分割的一部分。

1989 年 11 月，因连任修宪投票舞弊案，科摩罗再次发生大规模骚乱，局势急剧恶化。11 月 27 日，科摩罗发生兵变，阿卜杜拉曼在住所和平之家（Beit el Salama）被暗杀。法国立即进行军事干预，平息了局势。最高法院院长赛义德·穆罕默德·乔哈尔（Said Mohamed Djohar）担任代总统。

2. 20 世纪 90 年代的国家分裂

1990 年 3 月，赛义德·穆罕默德·乔哈尔击败了科摩罗民主联盟的穆罕默德·塔基·阿卜杜勒卡里姆（Mohamed Taki Abdoulkarim），当选为科摩罗总统，组建了科摩罗独立以来首个多党联合政府。乔哈尔统治时期，国内政局依然不稳，先后于 1990 年 8 月和 1992 年 9 月发生未遂武装政变。政府腐败问题依然突出，议会变更频繁。随着 20 世纪 90 年代初国际形势的变化，乔哈尔继续向法国寻求援助，为岛屿间的分裂埋下了隐患。

1995 年 9 月，雇佣军再次发动军事政变，乔哈尔被囚禁，科摩罗政局再次陷入混乱，法国进行军事干涉。10 月，总理卡阿比组建了过渡政府，担任临时总统。乔哈尔获释后，在留尼汪宣布成立科摩罗联邦政府，科摩罗出现两个政府共存的局面。1996 年 1 月，总统派和总理派实现和解，乔哈尔恢复总统职务。

1996 年 3 月，科摩罗举行总统换届选举，塔基击败乔哈尔当选为总统。塔基政府提出了宪法修正案，旨在加强中央权力，削弱岛屿权力。大力整顿政府，解除腐败公职人员的职务，但政府的女性成员也全部被解职，遭到了妇女团体的强烈抗议。塔基推行有利于大科摩罗岛的发展政策，引起了昂儒昂和莫埃利两岛的不满。同时，科摩罗经济社会发展落后，与法国统治下的马约特岛相比贫富悬殊，进一步诱发两岛对现政府的不满。1997年初，两岛政府欠薪，公务员和教师举行大罢工，随后出现大规模骚乱，3月爆发了3000多名分裂主义者与政府的武力冲突，冲突活动持续数月。7月，在宗教领袖易卜拉欣（Fundi Abdallah Ibrahim）的带领下，昂儒昂岛明确提出脱离科摩罗联邦，归属法国。8月，莫埃利岛宣布独立。10月，昂儒昂岛宣布独立。此后国际组织介入，进行了多次斡旋，但没有取得实质性进展。1997年前后的剧烈冲突严重伤害了科摩罗各岛屿人民的感情，加深了岛屿间的裂痕。

1998年11月，塔基总统病逝，来自昂儒昂岛的宪法法院院长塔基丁·本·赛义德·马桑德（Tadjidine Ben Said Massounde）出任代总统。塔基丁组建了一个昂儒昂岛人占据绝对优势的内阁，其立场受到大科摩罗岛、莫埃利岛的质疑。根据科摩罗宪法，代理总统任职期限为90天，但本应于次年2月进行的总统选举未能如期举行。

1999年4月19～23日，科摩罗各岛及各党派代表在非洲统一组织、马达加斯加等各方的主持下，召开岛际会议，决定成立科摩罗国家联盟，各岛高度自治。由于在各岛屿轮流担任国家总统的关键问题上未能达成一致，昂儒昂岛代表拒绝签字。大科摩罗岛上再次爆发大科摩罗岛人与昂儒昂岛人的武力冲突。

1999年4月30日，科摩罗军队参谋长阿扎利上校发动了不流血的军事政变，推翻了塔基丁临时政府，政府由军队接管。阿扎利积极寻求同昂儒昂岛当局对话，发表声明表示将履行《塔那那利佛协议》，在一年内将政权移交给下一届新政府。昂儒昂岛当局阿贝德上校态度强硬，主张昂儒昂岛完全脱离科摩罗，因此受到非洲统一组织的严厉制裁。2000年初，昂儒昂岛举行全民公投，90%的民众反对独立。8月13日，双方谈判取得重大突破，在莫埃利岛的丰波尼签署了共同声明，原则上同意进行民族和解，决定成立带有邦联性质的"科摩罗新集体"。2001年2月，科摩罗政府、各反对党派、昂儒昂岛当局、各岛代表及非洲统一组织等九方签订

《科摩罗和解框架协议》，对民族团结政府的组成及有关问题做出界定，科摩罗全面民族和解进程正式启动。

三　科摩罗联盟时期（2001 年 12 月至今）

进入 21 世纪以来，科摩罗经济发展依然困难重重。随着岛屿自治权的进一步扩大，分裂活动继续存在，但政局相对稳定，政权实现了独立后的首次和平转移。

2001 年 12 月 23 日，科摩罗通过新宪法草案，决定成立"科摩罗联盟"，各岛享有高度自治权，同时达成各岛屿的权力分享协议，联盟总统将实行轮任制，每四年在各岛屿轮换一次，轮换顺序为大科摩罗岛、昂儒昂岛、莫埃利岛。

2002 年 1 月，科摩罗组建了临时政府。4 月，举行总统轮任制以来的首次大选，来自大科摩罗岛的阿扎利战胜另外两位候选人当选总统。2003 年 12 月 20 日，科摩罗联盟政府与除马约特岛外的三岛达成《科摩罗过渡措施协议》，在议会选举、联盟和三岛之间的权力分配、海关和安全等方面达成一致。2004 年 4 月，联盟议会举行全国大选，65% 的选民参加了投票，反对派政党赢得了 12 席，总统派获得 6 席，地区议会代表获得剩余 15 席。2005 年，阿扎利作为 30 年来首位科摩罗国家领导人正式访问法国，两国关系得以恢复。

2006 年 4~5 月，科摩罗举行总统大选。这次选举是实行总统轮值制度后第一次政权转移，备受瞩目。阿扎利明确表示不会违背承诺，将在现任期满后按时离任。非洲联盟委派选举监督员，选举投票率约为 58%。5 月 14 日，经两轮选举，昂儒昂岛独立候选人、宗教领袖桑比以 58.14% 的得票率当选。桑比于 5 月 26 日正式宣誓就职。

2007 年，科摩罗民族分裂势力再生事端。5 月，昂儒昂岛的总督穆罕默德·巴卡尔拒绝离任，巴卡尔及其支持者举行了地方选举，宣布再次胜选"蝉联"，引发政治混乱。科摩罗联盟政府拒绝承认此选举结果。非洲联盟对科摩罗联盟政府表示支持，冻结了巴卡尔及其支持者的资产，对昂儒昂岛进行海上封锁，要求昂儒昂岛举行新的选举。经多次国际调解失败后，2008 年 3 月，非洲联盟向科摩罗派出 1500 人的多国部队，协助科摩罗政府控制昂儒昂岛局面。巴卡尔逃向马约特岛，后被逮捕关押在留尼汪。至此，昂儒昂岛第二次分裂活动落下帷幕。

2009 年 5 月 17 日，科摩罗举行全民公投再次修宪，主要修订内容为加强中央权威，削减岛屿权力。原定于 4 月举行的立法选举推迟到 12 月举行。据报道，全国实现了和平投票。12 月 21 日选举结束，在 24 个选举产生的席位中，桑比总统派获得多数 19 个席位。

2010 年 11~12 月，科摩罗举行两轮总统选举，来自莫埃利岛的原副总统伊基利卢·杜瓦尼纳（Ikililou Dhoinine）在第二轮投票中获得 33%的选票，当选为联盟总统，于 2011 年 5 月正式就任。科摩罗实现了政权的第二次和平转移。

2016 年 4 月，阿扎利获得 40.98%的选票再次当选总统，于 5 月 26日正式就任。2018 年 2 月，科摩罗举行全国对话协商大会，在改革总统轮任制、取消副总统职位、取消宪法法院等方面达成共识。7 月，科摩罗举行修宪公投，将总统由各岛轮任改为允许现任总统连任一次，并取消副总统职位。2019 年 3 月 27 日，科摩罗举行总统大选，阿扎利赢得 60.77%的选票，成功连任。6 月，科摩罗组建新一届政府内阁，成员共 15 人，包括部长 12 人、国务秘书 3 人，其中 8 人为上一届政府内阁成员。

第四节　重要历史人物[①]

赛义德·穆罕默德·谢赫（Said Mohamed Cheikh）

1904 年出生于大科摩罗岛的贵族家庭。科摩罗民主联盟（又称绿党）主席，长期活跃在 20 世纪的科摩罗政坛。曾在马达加斯加学医，被科摩罗人尊称为谢赫医生。20 世纪 30 年代进入殖民政府，被分配到大科摩罗岛担任医生。曾担任马达加斯加殖民政府第一届和第二届制宪会议成员。1946~1962 年担任法国国民议会议员。1954 年被任命为法国外交代表参

---

① 本节部分内容参阅杨元恪等《世界政治家大辞典》，人民日报出版社，1993；孟淑贤：《各国概况：南部非洲》，世界知识出版社，1997。

加联合国大会。1961 年 12 月当选科摩罗首届自治政府委员会主席，并到巴黎与戴高乐会谈科摩罗全面建设规划，任职直至去世。1970 年 3 月 16 日在塔那那利佛去世。他曾推动颁布禁止强制公共劳役制度的法令，在 20 世纪 60 年代当政期间大量开办学校和医院，修建道路，科摩罗经济社会取得一定发展。

阿里·萨利赫 （Ali Soilih）

1937 年 1 月 7 日出生于马达加斯加。先后在马达加斯加的学校和法国研究所学习农业。1967 年回国，1968 ~ 1970 年担任莫罗尼地方议会议员，1970 ~ 1972 年任装备部部长。1972 年与赛义德·易卜拉欣亲王共同创建人民党。1974 年 9 月，萨利赫组建科摩罗民族统一阵线，主张科摩罗彻底独立。1975 年 8 月，发动政变推翻阿卜杜拉曼政权，担任全国革命委员会委员和执行委员会委员。1976 年 1 月，出任科摩罗新政府总统。执政期间宣布走社会主义公有制道路，对本国的经济和土地分配制度进行改革，重视农业发展，组织了渔业生产合作社。1978 年 5 月 13 日，阿卜杜拉曼发动军事政变，萨利赫被处决。

艾哈迈德·阿卜杜拉·阿卜杜拉曼 （Ahmad Abdallah Abderemane）

1919 年 6 月 12 日出生于昂儒昂岛。曾就读于马达加斯加。1945 ~ 1947 年从事进出口贸易。1946 年当选为科摩罗地方议会议员，1959 ~ 1973 年任法国参议员。1968 年同赛义德·穆罕默德·谢赫共同创建科摩罗民主联盟。1972 ~ 1975 年任科摩罗自治政府委员会主席。1975 年 7 月宣布科摩罗独立，自任总统，执政不到一个月，被萨利赫发动政变推翻，流亡法国。1978 年 5 月，阿卜杜拉曼在法国的支持下，推翻萨利赫政权，重新上台执政。同年 10 月 22 日，宣布成立科摩罗伊斯兰共和国。10 月 25 日当选总统，1984 年 9 月获得连任。在任期间规定伊斯兰教为国教，实行自由化经济政策，主张建立印度洋和平区。1989 年 11 月 26 日，在政变中遇刺身亡。

赛义德·穆罕默德·乔哈尔 （Said Mohamed Djohar）

1918 年出生于马达加斯加，与萨利赫总统是兄弟关系。1927 ~ 1937 年就读于马达加斯加，中学毕业后在当地执教。1941 年回到科摩罗继续执教。1952年当选昂儒昂岛地方议会议员，1957～1963年先后任科摩罗政府委员会中的经济、装备部部长，自治政府秘书长，劳工、青年、体育部部长，社会事务与劳工部部长等职。1972～1973年为议会主席。1973～1975年任驻马达加斯加代表。1975年科摩罗独立后回国。1978～1982年任全国商会会长。1987年出任最高法院院长。1989年11月阿卜杜拉曼总统遇刺后，乔哈尔任临时国家元首。1990年3月至1996年3月担任科摩罗总统。执政期内，对内制定了科摩罗经济发展规划，提高人民生活水平，稳定政局；对外奉行中立和不结盟的外交政策，支持一切裁军倡议。2006年2月逝世。

穆罕默德·塔基·阿卜杜勒卡里姆（Mohamed Taki Abdoulkarim）

1936年2月20日出生于大科摩罗岛。毕业于马达加斯加国家路桥学校，是科摩罗第一位工程师。自1967年开始先后担任科摩罗自治领地立法议会议员、自治政府农业部公共工程局局长和教育部部长，1975年科摩罗独立后担任首届政府内政部部长。1977年4月因涉嫌推翻萨利赫政权被捕入狱，1978年5月阿卜杜拉曼总统执政后获释。1978～1984年担任科摩罗联邦议会议员、议长。1984年12月，因与阿卜杜拉曼政见不同，流亡法国。1989年11月，阿卜杜拉曼被暗杀后回国。1990年3月，参加总统竞选失败，再次流亡法国。1991年11月，回国参加科摩罗民族和解会议。1992年被乔哈尔总统任命为政府行动负责人，但不负责具体部门，无实权。1992年9月，因涉嫌参与政变和武装叛乱，被政府通缉。1996年3月担任总统，直至1998年11月病逝。塔基总统是科摩罗进步联盟的创始人之一，倡导节俭，反对大婚等浪费金钱的传统习俗。

阿扎利·阿苏马尼（Azali Assoumani）

1959年12月31日出生于大科摩罗岛。1977年大学毕业，后就读于摩洛哥皇家军事学院。1981年从摩洛哥回国，先后担任科摩罗内政部移民处处长、总统办公厅军事顾问、武装力量临时参谋长、国防军司令、国立武装力量和宪兵学校副校长、国防军参谋长等职务。1999年4月通过政变上台，2002年4月当选为科摩罗联盟总统，2006年5月卸任。2016年4月、2019年3月连续两次当选总统。曾于2003年、2018年对中国进行国事访问。

艾哈迈德·阿卜杜拉·穆罕默德·桑比（Ahmed Abdallah Mohamed Sambi）

1958 年 6 月 5 日出生于昂儒昂岛。精通阿拉伯语、法语、英语，爱好足球、篮球等体育运动。曾在沙特阿拉伯读中学，后赴伊朗攻读政治学和神学。曾参与科摩罗童子军运动。商人出身，开办过床垫厂、香精厂和矿泉水厂等多家企业，并于 20 世纪 80 年代创办了杂志社和女子学校，于 90 年代在昂儒昂岛创办了私人电台和电视台。全国争取正义阵线创建人之一，政治上支持塔基总统。1996 年，当选为科摩罗国民议会议员，担任议会法律委员会主任。2006 年 5 月当选科摩罗总统。执政期间倡导民主、法治和良政，主张重建司法，提高政府效率，努力建立联盟政府和自治岛屿政府间的互信合作关系。

伊基利卢·杜瓦尼纳（Ikililou Dhoinine）

1962 年 8 月 14 日出生于莫埃利岛。曾赴几内亚科纳克里大学攻读药剂学，获得博士学位。在科摩罗国家医疗机构中先后担任了多个职务，于 2006 年 5 月担任副总统，先后兼任卫生、团结和性别平等部部长，财政、预算和妇女创业部部长以及领土整治、基础建设、城市规划和住房部部长。2011 年 5 月当选联盟总统。在任期间推动全国药剂行业的整顿和科摩罗药剂师协会的成立，颁布法律保护妇女和儿童免受暴力侵害，并与法国签署关于友好合作宣言，积极加强两国政治对话。

第三章

政　治

第一节　政治沿革

科摩罗最早的政权可能形成于昂儒昂岛，据考证，其政权首领称贝贾和法尼。由于缺乏相关研究资料，关于贝贾和法尼的记录较少，政权的分期较难确定。一般认为，贝贾政权出现在 9 世纪，法尼政权则始于 11 世纪，后逐渐取代了贝贾。早期的科摩罗社会贫富差距很小，直至 11 世纪才开始出现一定程度的社会等级分化。

15 世纪之后，阿拉伯和设拉子穆斯林大量来到科摩罗，建立了一批逊尼派苏丹政权，实行封建统治，政权一直持续至 20 世纪初。苏丹统治阶级处于社会最顶层，占有大量土地，利用奴隶或农民劳役进行农业耕作，同时通过参与印度洋航路上的中转贸易获得收益。大量自由人或平民构成了科摩罗社会的中间阶层，来自非洲海岸的奴隶及其后代处于社会最底层。这种社会结构在科摩罗保守的社会环境中长久地留存了下来，影响至今。

苏丹统治时期，科摩罗群岛完全伊斯兰化，在名义上统一接受昂儒昂岛苏丹的统治。这一时期，科摩罗群岛在宗教、文化、语言等方面的融合度日益增强，逐渐形成了一个独立的民族整体。但这一时期的苏丹政权呈现出极为分散的特点，小苏丹国遍布群岛，并未形成强有力的统一政权。各苏丹国为争夺岛屿控制权和贸易资源，常年互相混战。至 16 世纪，随着西方列强的到来，以及马达加斯加人的入侵，各苏丹政权的混战进一步加剧。在岛屿竞争中，大科摩罗岛和昂儒昂岛占据了优势地位，逐渐形成大岛主导小岛的局面。近代以来，科摩罗群岛内部长期存在的复杂斗争关系和岛屿势力的不均衡格局，对民族国家的发展历程产生了深刻影响。

19世纪，西方各国在印度洋地区的争夺越发激烈，法国战胜主要竞争对手英国，赢得了科摩罗群岛的控制权。1912年，苏丹制被废除，群岛的最后一位苏丹宣布退位，法国正式建立科摩罗群岛殖民地，将其划归马达加斯加殖民当局管辖。随着法国殖民政策的调整，科摩罗于1946年成为法国的海外领地，1961年成为法国海外自治领地。

法国的殖民统治深刻影响了科摩罗的社会结构和政治生态。一方面，苏丹贵族失去了政治掌控权，侵占的大量土地被收回，势力走向衰落。但科摩罗的社会制度并未发生根本性变化，贵族和大地主仍然掌控着可观的土地。由于法国政府实行间接统治，传统贵族和土著精英被培养为地区酋长或法国政府代理人参与群岛治理，继续在科摩罗社会中发挥重要作用，并成长为极具影响力的亲法势力。另一方面，法国将现代国家机构引入科摩罗，先后在科摩罗建立了行政机构和立法机构。与绝大部分殖民地一样，科摩罗的领地议会和政府权力极为有限，法国政府派遣的总督或高级专员完全代表法国利益，在科摩罗拥有绝对的权力，控制着科摩罗一切政治和经济大权。在基层政权中，法国设立了由村民选举产生的村长，取代苏丹旧贵族任命的地方宗族首领。为缓和地方传统势力的敌对情绪，法国创建了颇具科摩罗特色的长老理事会，吸纳有声望的长老参与政府管理。事实上，很多长老不愿受到殖民政府的管制，长老理事会形同虚设。此外，科摩罗道路基础设施极其落后，岛屿内陆和乡村交通不便，造成殖民政府基层管理薄弱。相较之下，科摩罗传统的家族血缘关系更为牢固，在基层管理方面发挥的作用更大。

二战后，科摩罗人民的民族意识开始觉醒，民族解放运动蓬勃兴起。1963年，民族主义政党科摩罗民族解放运动在海外成立，带领科摩罗人民进行反抗殖民统治、争取民族独立的斗争。随着革命形势的不断高涨，独立运动转入国内，逐渐取得本地传统政治势力的支持，以较为和平渐进的方式推动科摩罗的独立进程。由于法国政府实行分而治之的政策,双方在四岛整体独立的问题上未达成一致,1975年7月6日,科摩罗单方面宣布独立,成立科摩罗共和国,阿卜杜拉曼担任首任总统。马约特岛仍由法国实际控制。

科摩罗在政治体制上仿效法国,确立了总统制和分权制的共和政体。由于复杂的历史原因和缺乏国家治理经验,科摩罗独立后的政治历程步履维艰,充满了军事政变、分裂和内乱,先后经历了科摩罗共和国、科摩罗伊斯兰联邦共和国和科摩罗联盟三个时期,长期政局不稳,先后发生20余次政变,内阁频繁重组,民族分裂问题一直悬而未决。

1975年8月,萨利赫发动政变上台执政,开始推行激进的改革措施,剑指科摩罗旧势力,伊斯兰教传统习俗受到冲击,改革遭到了广泛抵制,以失败而告终。1978年5月,阿卜杜拉曼发动军事政变,推翻了萨利赫政权,重新上台执政,颁布了新宪法,恢复伊斯兰教为国教,宣布科摩罗实行联邦制,国名改为科摩罗伊斯兰联邦共和国。在政治上实行一党制,取消总理一职,削弱联邦议会议长权力,延长总统任期,强化总统集权。在经济上保护私有制,实行自由化经济政策,恢复封建旧贵族的土地。大量吸收法国人参加政权,恢复与法国的关系。1989年,阿卜杜拉曼遭暗杀。1990年3月,乔哈尔当选总统,恢复了联邦总统两届任期的规定,废除了一党制,建立了科摩罗独立后首个多党联合政府。1995年,科摩罗发生军事政变,乔哈尔被囚禁,总理卡阿比成立临时政府。1996年初,双方达成和解,乔哈尔恢复总统职务。同年3月,塔基在全国大选中获胜当选总统。

自1997年开始,由于对岛屿权力和资源分配不满,以及国家经济发展停滞不前等原因,科摩罗各岛之间的纷争愈演愈烈,其中昂儒昂岛的分裂活动历时超过十年。1997年10月,昂儒昂岛举行公投宣布独立。此后,各方代表围绕岛屿权力分配的核心问题进行了多次反复协商,先后签订《塔那那利佛协议》、《丰波尼共同声明》和《科摩罗和解框架协议》,艰难地达成了民族和解。2001年12月23日,科摩罗通过新宪法,宣布成立科摩罗联盟,各岛高度自治,维护了国家统一。2002年4月,阿扎利当选为科摩罗联盟实行轮任制后的首位总统。2003年12月，科摩罗联盟政府与三岛签订《科摩罗过渡措施协议》，就议会选举、联盟和三岛之间的权力分配进一步达成协议。2006年5月，昂儒昂岛宗教领袖桑比当选总统，实现了科摩罗独立后政权的首次和平转移。2007年6月，昂儒昂岛当局擅自举行总督选举，再次引发了政治混乱。2008年3月，在国际组织的军事援助下，科摩罗政府平息了叛乱。至此，昂儒昂岛分裂局面结束，科摩罗形式上实现了三岛统一。

2009年5月17日，科摩罗联盟政府通过了旨在加强中央权威、削减各自治岛权力的宪法修正案，确立了立法权、行政权和司法权三权分立的政治体制。2010年12月，科摩罗举行总统选举，伊基利卢·杜瓦尼纳当选为联盟总统。2016年4月、2019年3月阿扎利连续两次当选总统，执政至今。

第二节　宪法

科摩罗自独立以来颁布了五部宪法，其中科摩罗共和国时期一部、科摩罗伊斯兰联邦共和国时期三部、科摩罗联盟时期一部。此外，在1977年4月萨利赫执政期间曾颁布一部内容较为激进的基本法，但很快被废除。五部宪法一致明确科摩罗实行共和国政治体制，将伊斯兰教奉为国教，承认各岛屿自治权，始终坚持科摩罗由四个岛屿组成，马约特岛是科摩罗不可分割的领土。发展到科摩罗联盟时期，宪法赋予岛屿更大自治权，各岛屿可在国家宪法范围内自由制定基本法、享有财政自治权等，并开始实行各岛屿总统轮任制，形成了富有科摩罗特色的政权运行方式。

一　1978年宪法

1978年5月，阿卜杜拉曼推翻萨利赫政权，重新上台执政。为巩固政权，阿卜杜拉曼组织起草宪法。1978年10月1日，99%的科摩罗选民投票支持新宪法。新宪法颁布后，萨利赫时期通过的基本法同时被废止。

新宪法将伊斯兰教恢复为国教，官方语言定为法语和阿拉伯语。新宪法结合了联邦制和集中制,规定联邦机构由共和国总统、共和国政府、联邦议会、最高法院构成。联邦议会由直接选举产生,全国 50 个选区各选 1 名,其中大科摩罗岛 20 名、昂儒昂岛 17 名、莫埃利岛 5 名,马约特岛保留 8 个名额,每届任期 5 年。联邦议会每年举行两次例会,由政府召集。该宪法赋予了总统强大的行政权力,总统为国家元首兼军队最高统帅,由直接选举产生,任期 6 年,可连任一届。总理由总统任命,总理提名内阁部长后由总统任命,内阁部长不超过 9 人。共和国总统经与总理、联邦议会议长和最高法院院长协商,可宣布解散联邦议会。最高法院设宪法委员会和高等法院,人员名单中包括共和国前总统,其余由共和国总统、联邦议会和各岛屿议会分别选出。

宪法赋予各岛屿自治权,设岛屿议会作为立法机关,每届任期 4 年。岛屿最高行政长官由总督担任,任期 5 年。经协商,共和国总统向岛屿总督办公室派遣官员,负责联络、协调联邦政府和岛屿事务。

宪法对全国税收分配额度作出规定:联邦政府获得总额的 40% ~ 60%,其余按各岛屿人口数量分配,但岛屿分配额不得少于余额的 10%。该条款曾受到质疑,认为对大科摩罗岛最为有利,因为大科摩罗岛不仅是联邦政治中心,而且人口数量也居三岛之首。

1989 年 11 月,科摩罗举行公民投票修宪,在 27.4 万名选民中近 95% 的人参加了投票,92.4% 的选民投票赞成通过。原宪法规定,总统任期最长为两届,经过修订后改为"可连选连任";同时恢复被阿卜杜拉曼废除的总理一职;扩大议长的职权;岛屿总督由任命改为由岛屿议会选举。

二 1992 年宪法

1990 年 3 月,乔哈尔继阿卜杜拉曼担任总统。1992 年 6 月 7 日,公民投票通过新宪法,制衡总统权力,废除一党制。新宪法规定议会设两院制,参议院由各岛议会选出的 5 名代表组成,任期为 6 年,但实际上科摩罗从未举行过正式的参议院选举。总统是国家元首和军队最高统帅,由直接选举产生,任期 5 年,不得连任两届以上。总理是政府首脑,由总统在联邦议会占多数席位的政党成员内任命。内阁部长由总理提名，总统任命。任何政党不得单独组阁，必须组成多党联合政府。同时保持岛屿的自治权。①

三 1996 年宪法

塔基总统执政后，国内政治动荡，分裂活动愈演愈烈，宪法的修订再次提上议事日程。1996 年宪法以 1992 年宪法为蓝本，经过多次修订而成，于 1996 年 10 月 20 日经公民投票通过。

新宪法对国旗和国徽进行了修改，首次将科摩罗语列为官方语言，新当选的共和国总统必须以科摩罗语宣誓就职。规定联邦议会由直接选举产生，任期 5 年，每个岛屿的议员不得少于 5 人。这在一定程度上增强了议会制衡政府的权力，联邦议会有权提前终止政府人员的任期。新宪法废除了参议院，议会恢复为一院制。总统作为国家元首和军队最高统帅，由直接选举产生，任期 6 年。总统候选人必须在选举年的前一年年满 40 岁并不超过 75 岁，必须在科摩罗国内连续居住至少 1 年。总理是政府首脑，由总统任命。总理提名内阁成员，并由总统任命。最高法院成员由联邦总统、联邦议会、各岛屿议会分别选出，任期 7 年，可连选连任。新设乌里玛（Ulémas）委员会作为宗教问题咨询机构。

宪法规定每个岛屿都是自由的自治领土实体，设岛屿议会和 1 名总督管辖。总督由岛屿议会提名，3 名候选人得票均须过半数方为有效。总统从 3 名候选人中选择 1 名任命为总督。总督对共和国总统和岛屿议会负责。共和国总统具有废除总督的权力。岛屿议会由市长或市政府成员组成。

四 1999 年临时宪法

自 1997 年以来，昂儒昂岛的分裂活动导致国家政局再次陷入混乱。1999 年 4 月 30 日，阿扎利·阿苏马尼上校推翻了临时总统塔基丁政府。

---

① 潘光、张家哲：《各国历史寻踪》，上海辞书出版社，2001，第 426～428 页；王晓民：《世界各国议会全书》，世界知识出版社，2000，第 243～244 页。

1999年5月6日，阿扎利当局以国防军名义颁布过渡时期宪章，作为共和国临时宪法。

宪章声明遵守1999年4月23日达成的《塔那那利佛协议》，规定国务委员会为国家最高行政机构，由国防军参谋长（即国家元首）领导。国家元首主持国务委员会，有权任命和罢免国务委员和各岛总督，负责国防事务，掌管行政和立法权，保证司法独立。国务理事会对国务委员会及国有企业的活动进行监督，向国家元首提供法案意见和咨询。① 各岛屿仍然由总督管理。该宪章于下一部国家宪法颁布后自动废止。

五 2001年宪法

《丰波尼共同声明》签署后，为维护国家统一、赋予各岛更大自治权，2001年2月，科摩罗成立了一个起草新宪法的三方委员会。2001年12月23日，新宪法经全民公决通过，并于2009年5月17日进行了修正。

新宪法由序言、科摩罗联盟、联盟和各岛屿的权限、联盟的机构、立法权与行政权的关系、分权化合作、宪法法院、咨询机关、宪法修订、过渡条款、最终条款等部分构成。宪法规定在维护国家统一和领土完整的基础上，成立由大科摩罗、昂儒昂、莫埃利和马约特四岛组成的科摩罗联盟，各岛享有除外交、国防、宗教、国籍、货币等国家象征以外的高度自治权，各岛政府在尊重国家统一的前提下实行自治。联盟设1名总统和3名副总统。总统为国家元首兼政府首脑和军队最高统帅，由各岛轮任，每届任期5年。副总统负责协调和监督各岛行政机构的施政。联盟政府部长和其他内阁成员由总统任命，一般不超过10人。

2014年2月、2018年7月科摩罗又分别对该宪法进行了修订，最近一次修订案延长了总统的任期限制，允许现任总统连任一次，并取消副总统职位。

---

① 王晓民：《世界各国议会全书》，世界知识出版社，2000，第243～244页。

第三节　国家机构[①]

科摩罗宪法规定立法权、行政权、司法权三权分立，其国家机构主要包括行政机构、立法机构和司法机构。

一　行政机构

1. 总统

联盟总统是国家元首和政府首脑，是国家统一的象征，是联盟在国际关系中的最高代表；制定和实施联盟的政策，处理联盟行政事务，行使条例权，任命联盟的官员，颁布法律，制定和实施外交政策，拥有特赦权；任命内阁部长和政府其他成员。总统也是军队的首领，负责对外防务。联盟总统咨询联盟议会议长后可以宣布解散联盟议会。当宪法制度、国家独立、领土完整或国际条约的执行受到严重威胁时，联盟总统在正式咨询部长委员会、联盟议会议长和宪法法院意见后可采取非常措施。联盟总统基于联盟议会的授权，可就联盟议会权限内的事项进行立法。在遵守联盟宪法的前提下，联盟总统可召集联盟副总统、联盟议会议长、岛屿总督和岛屿议会议长，共同审查与国家政治、社会或经济生活相关的问题。

总统职务实施各岛屿轮流制，以普遍、直接、多数的投票制选举产生，任期 5 年。在遵循轮流制的前提下连选连任。总统候选人首先应在相关岛屿进行初选，只有初选得票最多的 3 名候选人方可参加总统选举。不论在任何情况下，初选不得在同一岛屿连续举行两次。

科摩罗上届总统选举于 2016 年 2~4 月举行，原定于 2021 年举行总统选举。2018 年 7 月科摩罗修订宪法，将总统由各岛轮任改为允许现任

[①] 本节资料主要参考 2009 年 5 月 17 日修正后的科摩罗宪法，法语版宪法文本载于 https://mjp.univ-perp.fr/constit/km2009.htm；中文版宪法译文参考《世界各国宪法》编辑委员会编译《世界各国宪法·非洲卷》，中国检察出版社，2012，第 384~389 页。

总统连任一次。总统大选提前到 2019 年举行，3 月 27 日现任总统阿扎利赢得 60.77% 的选票，成功取得连任。

表 3 - 1 科摩罗历任国家元首名单

姓名	职务	任职时间
艾哈迈德·阿卜杜拉·阿卜杜拉曼（Ahmad Abdallah Abderemane）	总统	1975 年 7 月 6 日 ~ 1975 年 7 月 7 日
艾哈迈德·阿卜杜拉·阿卜杜拉曼（Ahmad Abdallah Abderemane）	国家元首	1975 年 7 月 7 日 ~ 1975 年 8 月 3 日
赛义德·穆罕默德·贾法尔（Said Mohamed Jaffar）	全国革命委员会主席	1975 年 8 月 3 日 ~ 1975 年 8 月 10 日
赛义德·穆罕默德·贾法尔（Said Mohamed Jaffar）	全国执行委员会主席	1975 年 8 月 10 日 ~ 1976 年 1 月 3 日
阿里·萨利赫（Ali Soilih）	总统	1976 年 1 月 3 日 ~ 1978 年 5 月 13 日
赛义德·阿图玛尼（Said Atthoumani）	政治军事委员会主席	1978 年 5 月 13 日 ~ 1978 年 5 月 23 日
艾哈迈德·阿卜杜拉·阿卜杜拉曼（Ahmad Abdallah Abderemane）	政治军事委员会联合主席	1978 年 5 月 23 日 ~ 1978 年 7 月 22 日
穆罕默德·艾哈迈德（Mohamed Ahmed）	政治军事委员会联合主席	1978 年 5 月 23 日 ~ 1978 年 7 月 22 日
艾哈迈德·阿卜杜拉·阿卜杜拉曼（Ahmad Abdallah Abderemane）	政府委员会联合主席	1978 年 7 月 22 日 ~ 1978 年 10 月 3 日
穆罕默德·阿卜杜拉（Mohamed Abdallah）	政府委员会联合主席	1978 年 7 月 22 日 ~ 1978 年 10 月 3 日
艾哈迈德·阿卜杜拉·阿卜杜拉曼（Ahmad Abdallah Abderemane）	政府委员会主席	1978 年 10 月 3 日 ~ 1978 年 10 月 25 日
艾哈迈德·阿卜杜拉·阿卜杜拉曼（Ahmad Abdallah Abderemane）	总统	1978 年 10 月 25 日 ~ 1989 年 11 月 26 日
哈里本·切班尼（Haribon Chebani）	临时总统	1989 年 11 月 26 日 ~ 1989 年 11 月 27 日
赛义德·穆罕默德·乔哈尔（Said Mohamed Djohar）	代总统	1989 年 11 月 27 日 ~ 1990 年 3 月 20 日
赛义德·穆罕默德·乔哈尔（Said Mohamed Djohar）	总统	1990 年 3 月 20 日 ~ 1995 年 9 月 29 日
康柏·阿尤巴（Combo Ayouba）	过渡时期军事委员会主席	1995 年 9 月 29 日 ~ 1995 年 10 月 2 日

姓名	职务	任职时间
穆罕默德·塔基·阿卜杜勒卡里姆 (Mohamed Taki Abdoulkarim)	代总统	1995 年 10 月 2 日～ 1995 年 10 月 5 日
赛义德·阿里·凯末尔(Said Ali Kemal)	代总统	1995 年 10 月 2 日～ 1995 年 10 月 5 日
卡比·埃尔－亚克鲁图·穆罕默德 (Caabi El-Yachroutu Mohamed)	临时总统	1995 年 10 月 5 日～ 1996 年 1 月 26 日
赛义德·穆罕默德·乔哈尔（Said Mohamed Djohar)	总统	1996 年 1 月 26 日～ 1996 年 3 月 25 日
穆罕默德·塔基·阿卜杜勒卡里姆 (Mohamed Taki Abdoulkarim)	总统	1996 年 3 月 25 日～ 1998 年 11 月 6 日
塔基丁·本·赛义德·马桑德(Tadjidine Ben Said Massounde)	临时总统	1998 年 11 月 6 日～ 1999 年 4 月 30 日
阿扎利·阿苏马尼(Azali Assoumani)	国家发展军参谋长	1999 年 4 月 30 日～ 1999 年 5 月 6 日
阿扎利·阿苏马尼(Azali Assoumani)	国家元首	1999 年 5 月 6 日～ 2001 年 12 月 23 日
阿扎利·阿苏马尼(Azali Assoumani)	国家元首	2001 年 12 月 23 日～ 2002 年 1 月 21 日
哈马达·马迪·博勒罗（Hamada Madi Bolero)	临时总统	2002 年 1 月 21 日～ 2002 年 5 月 26 日
阿扎利·阿苏马尼(Azali Assoumani)	总统	2002 年 5 月 26 日～ 2006 年 5 月 26 日
艾哈迈德·阿卜杜拉·穆罕默德·桑比 (Ahmed Abdallah Mohamed Sambi)	总统	2006 年 5 月 26 日～ 2011 年 5 月 26 日
伊基利卢·杜瓦尼纳(Ikililou Dhoinine)	总统	2011 年 5 月 26 日～ 2016 年 5 月 26 日
阿扎利·阿苏马尼(Azali Assoumani)	总统	2016 年 5 月 26 日至今

资料来源：https：//en. wikipedia. org/wiki/List_ of_ heads_ of_ state_ of_ the_ Comoros。

2. 副总统

联盟设 3 名副总统。各副总统分别主管某一部的事务，同时负责协调联盟政府不同部门在各岛屿的施政活动，并监督各岛屿行政部门决策的合法性。副总统以普遍、直接、多数的投票制选举产生，任期 5 年。2018年 8 月，科摩罗内阁改组，取消了 3 名副总统职位。

表 3 - 2 科摩罗历年副总统名单

姓名	任期	在任总统
卡比·埃尔 – 亚克鲁图·穆罕默德（Caabi El-Yachroutu Mohamed）	1976 年 1 月 ~ 1978 年 5 月	萨利赫
卡比·埃尔 – 亚克鲁图·穆罕默德（Caabi El-Yachroutu Mohamed）	2002 年 5 月 ~ 2006 年 5 月	阿扎利
拉希迪·本·马桑德（Rachidi ben Massonde）	2002 年 5 月 ~ 2006 年 5 月	阿扎利
伊基利卢·杜瓦尼纳（Ikililou Dhoinine）	2006 年 5 月 ~ 2011 年 5 月	桑比
伊迪·纳杜瓦姆（Idi Nadhoim）	2006 年 5 月 ~ 2011 年 5 月	桑比
福阿德·穆哈吉（Fouad Mohadji）	2011 年 5 月 ~ 2016 年 5 月	伊基利卢
穆罕默德·阿里·萨利赫（Mohamed Ali Soilihi）	2011 年 5 月 ~ 2016 年 5 月	伊基利卢
努尔丁·布尔汉（Nourdine Bourhane）	2011 年 5 月 ~ 2016 年 5 月	伊基利卢
阿布达拉·赛义德·萨鲁玛（Abdallah Said Sarouma）	2016 年 5 月 ~ 2018 年 8 月	阿扎利
贾法尔·艾哈迈德·赛义德·哈桑尼（Djaffar Ahmed Said Hassani）	2016 年 5 月 ~ 2018 年 8 月	阿扎利
穆斯塔纳·阿卜杜（Moustadroine Abdou）	2016 年 5 月 ~ 2018 年 8 月	阿扎利

资料来源：https：//en. wikipedia. org/wiki/Vice-President_ of_ the_ Comoros。

3. 内阁

科摩罗内阁由总统和政府各部长（副总统兼部长职务）组成。科摩罗内阁极不稳定，重组频繁。2019 年 6 月，科摩罗总统大选后组建了新一届政府内阁，与 2018 年 8 月改组的内阁相比，本届内阁成员保持了 15 人的规模，其中部长 12 位，国务秘书 3 位，内阁成员中 8 位为上届内阁成员。

表 3 - 3 科摩罗政府内阁成员名单（2019 年 6 月）

姓名	职务
穆斯塔纳·阿卜杜（Moustadroine Abdou）	农业、渔业、环境部部长
阿布达拉·赛义德·萨鲁玛（Abdallah Said Sarouma）	国土整治、城市规划兼不动产事务和陆地运输部部长
胡麦德·姆赛迪（Houmed M'saidie）	经济、投资、能源兼经济一体化、旅游、手工业部部长兼政府发言人
赛义德·阿里·赛义德·沙哈尼（Said Ali Said Chayhane）	财政、预算和银行业部部长

续表

姓名	职务
苏艾夫·穆罕默德·艾尔·阿明（Souef Mohamed El Amine）	外交与国际合作、海外侨民部部长
阿麦德·本·赛义德·贾法尔（Ahmed Ben Saïd Jaffar）	邮政、电信、数字经济部部长
鲁布·雅库特·赞度（Loub Yacout Zaidou）	卫生、团结、社会保障及促进性别平等部部长
穆罕默德·达乌杜（Mohamed Daoudou）	内政、权力下放、领土管理兼协调国家机构关系部部长
穆罕默德·乌赛尼·贾玛利莱利（Mohamed Housseini Djamalilaili）	司法、伊斯兰事务、公共行政、人权事务、公正透明及公共管理部部长
毕昂里菲·塔米迪（Bianrifi Tharmidhi）	海洋运输和航空运输部部长
努尔迪那·本·阿麦德（Nourdine Ben Ahmed）	青年、就业、工作、培训、职业规划、体育、艺术和文化部部长
穆安吉·穆罕默德·穆萨（Moindjie Mohamed Moussa）	国民教育、高等教育及科研部部长
斯瓦里希·穆罕默德·朱内德（Soilihi Mohamed Djounaid）	司法、伊斯兰事务、公共行政、人权事务、公正透明及公共管理部国务秘书
莎米娜·穆罕默德（Chamina Mohamed）	经济、投资、能源兼经济一体化、旅游、手工业部国务秘书
塔吉迪那·优素夫（Dr. Takiddine Youssouf）	外交与国际合作、海外侨民部国务秘书

资料来源：http://km.mofcom.gov.cn/article/jmxw/201906/20190602873054.shtml。

4. 自治岛屿政府

科摩罗宪法赋予各岛屿政府较大自治权，主要包括地方团体的管理、与岛屿利益有关的行政事务、成立商业或工业机构及相关组织、城乡警察管理、集市与市场管理、岛屿拨款和奖学金分配、道路管理、土地管理、教育机构及人员的管理、地方职业培训、非商业性捕捞、农业和农耕、基础健康机构及人员的管理、岛屿内征税事宜等。此外，各岛屿享有财政自主权，均可分到外国的援助资金。

宪法规定，自治岛屿的执行与审议职能由不同机关行使，执行职能由总督行使，并由行政委员加以协助。总督以直接、普遍的两轮多数投票制选举产生，任期 5 年。总督是自治岛屿的首长和行政机构的最高负责人，其职责包括确保宪法和岛屿制定的各项法律的实施、颁布岛屿议会的相关决议、任命行政委员（6 名以内）。联盟在各岛屿开展的各项活动均须向总督通报。

5. 国家咨询机关

科摩罗在联盟总统职务之下设立咨询机关，包括伊斯兰教神学家委员会以及经济和社会委员会。各委员会负责协助联盟政府和各岛屿行政首长制定与宗教、经济和社会生活相关的决策。各咨询机关的运作方式由联盟法律予以确定。

二 联盟议会和岛屿议会

联盟议会（或称国民议会）是科摩罗联盟的最高立法机关，有权表决财政预算和决算，监督内阁部长和其他政府成员的活动，宣布战争状态等。联盟议会通过既定程序向联盟总统陈述请愿，有权追究部长或其他政府官员的责任。

每届联盟议会议员任届期满须全部改选。联盟议会每年召开两次例会，总会期不得超过 6 个月。联盟议会应联盟总统或绝对多数联盟议员的要求，可就特定议程召开非常会议，非常会议会期不得超过 15 日。根据规定，法定出席人数须超过半数。若会议召开之日未达到法定出席人数，会议将推迟到 3 天后举行。届时无论出席人数多少，都将视为有效。

联盟议会立法程序一般由政府成员或议员将议案递交议会办公厅，由秘书长根据相关规定送交专门委员会并将其纳入讨论日程，最后经表决确定是否通过。议案通过后，须由议长签字，两名议会常务会议成员会签后方可生效。

联盟议会以 2/3 多数制定内部规程。其内部规程在生效前应由宪法法院就其合宪性进行裁决。

联盟议会设有 4 个专门委员会，一般设置为财政、经济和计划委员会，对外关系、社会事务、国防、国家和公共安全委员会，宪法、立法、宗教和公共行政委员会，生产、装备、环境和可持续发展委员会。各委员会均有 8 名成员。每年例会期间，在联盟政府提出申请或超过半数议员同意的情况下，议会将设立一个特别委员会来审核国家财政情况，并将结果提交议会常务会议审议。

联盟议会常设秘书处，以保证议会行政事务以及文秘工作的正常运作。秘书长为秘书处负责人。

联盟议会议长负责主持议会日常工作，主持例会、议会常务会议和议会议长会议；负责审核国家财政预算；根据议会常务会议建议，任命联盟议会秘书长（负责议会内部各行政部门工作）以及其他行政部门人员。另外，议长还有权召开、中止或取消议会会议，负责议会会议的管理工作，维持议会会议的秩序，监督他人遵守相关规定，组织相关讨论，保证个人职权的履行，以及维护议会议员的各项权利。议长选举方式由组织法规定，在联盟议会第一次例会召开时以投票方式举行。若第一轮选举中无候选人过半数，则前两名进入第二轮选举，得票多者获胜。若两人得票数相同，则年长者获胜。议长任期与立法机关任期相同。

联盟议会议员任期 5 年，共 33 名议员，其中 24 名国家代表，按照两轮单记名投票制普选产生；自治岛屿代表，由该岛屿议会在其议员中任命，每个自治岛屿 3 名代表。法律创议权同时属于联盟总统和联盟议员，联盟议员和政府均有修正权。根据宪法规定，议员在履行职责过程中享有一定程度上的免受司法追究的特权。除非在议会允许的情况下（须通过议会三分之二的多数表决），联盟不得起诉、搜查、逮捕或拘留联盟议会议员，不得因议员在其职责范围内的任何表决而对其审讯。此外，除非议员是现行犯罪，在议会开会期间不得对任何议员进行追诉。

科摩罗三岛设立岛屿议会。根据宪法规定，自治岛屿自主确定其制定法，经宪法法院通过后方可颁布，审议职能由岛屿议会行使。岛屿议会议员及候补议员通过一轮单记名多数投票制选举产生，任期 5 年。岛屿议会的构成、组织和运作及其议员的选举方式和选举条件由制定法加以规定。岛屿议员无薪酬，但总督可根据制定法给予议员一定的交通和会务补助。

科摩罗长期政局动荡，国家机构经常处于非正常状态，完整的议会任期极为少见，议会与政府关系也不甚稳定。科摩罗最近一届联盟议会于

2020 年 1 月 19 日至 2 月 23 日举行，执政党获得 20 个席位，反对党和独立候选人获得 4 个席位，现任议长为来自科摩罗复兴公约党的穆斯塔纳·阿卜杜（Moustadroine Abdou）。

三 司法机构

科摩罗的司法机构主要由宪法法院、最高法院和地方各级法院组成。

宪法法院负责审查联盟及各岛法律的合宪性。科摩罗宪法规定，组织法确定宪法法院的组织和运作规则，宪法法院监督各岛屿和联盟选举过程的合规性，其中包括公投、选举纠纷的裁决等。宪法法院确保公民的基本权利和公共自由，保障联盟与各岛屿的权限分配以及裁决权限纠纷。宪法法院共设 8 名成员，由联盟总统、副总统、国民议会议长及各岛行政长官分别指定产生。宪法法院成员要求品德高尚，并在司法、行政、经济或社会领域具有公认的能力，另须有 15 年的职业经验。院长由宪法法院法官选出，任期 6 年，可连任。最近一届宪法法院成立于 2008 年 7 月，院长为阿卜杜拉扎库·阿卜杜勒哈米德（Abdourazakou Abdoulhamid）。2018 年 4 月，科摩罗政府将宪法法院职责暂时移交至最高法院。2018 年 7 月，科摩罗修订宪法，宪法法院被废除。

最高法院是联盟在司法、行政和审计等方面的最高司法裁决机构。法官可终身任职。科摩罗宪法规定，最高法院的构成以及运作规则由组织法规定。在联盟总统、副总统和政府成员犯叛国罪的情况下，由最高法院作为特别高等法院进行审理。最高法院审查宪法问题并监督总统的选举，对政府的渎职罪进行仲裁。最高法院通常由 7 名以上成员组成。

科摩罗在首都莫罗尼设有上诉法院，各岛均设有初审法院。在乡村设有社区法庭和宗教法庭用以处理小型纠纷。科摩罗设立了最高司法委员会保障司法的独立和公正。最高司法委员会的构成、组织、运作及其所适用的程序由组织法加以确定。该委员会设 7 名成员，其中 2 名由联盟总统指定，2 名经联盟议会选举产生，其余 3 名经三岛议会分别选举产生。

第四节　主要政党

科摩罗宪法规定，各政治团体须按照联盟法律开展相关活动，必须尊重国家主权，维护联盟团结，恪守民主原则。自阿卜杜拉曼执政结束后，从 20 世纪 90 年代至今，科摩罗一直实行多党制。科摩罗民主联盟（UDC）、联合民族阵线（UNF）、科摩罗人民民主大会（RDPC）、科摩罗进步联盟（UCP）、民主和复兴党（RDR）、科摩罗人民阵线（FPC）等政党均为科摩罗政治舞台上的重要角色。现执政党为阿扎利总统所属的科摩罗复兴公约党（CRC）。20 世纪 90 年代，科摩罗有 20 余个较为活跃的政党，目前已发展到 50 多个政党和政治团体。

全国争取正义阵线（Front National pour la Justice，FNJ）

于 1990 年 11 月 19 日成立，1992 年获合法化地位，前总统桑比是该党创始人之一。1996 年在联邦议会中首次获得席位。全国争取正义阵线是较为温和的伊斯兰政党，其宗旨是寻求国家的和平与稳定，通过对话解决国家分裂危机。曾派团参加解决昂儒昂岛危机的国际会议，参与相关协议文件的签署。总书记为阿赫迈德·拉斯德（Ahmed Achid）。

科摩罗复兴公约党（Convention pour le Renouveau des Comores，CRC）

于 2002 年 7 月 21 日成立，由社会主义和民主运动党成员发起。该党主要由支持阿扎利的人士、社会名流和无党派人士组成。其宗旨是捍卫国家统一、领土完整和民族和解成果，支持消除贫困的行动。党内机构设全国理事会、地区理事会、政治理事会、执行局和常设书记处。哈米杜·卡里奇拉（Hamidou Karihila）任总书记。科摩罗现任总统阿扎利为该党创始人和名誉主席。

科摩罗朱瓦党（Juwa Party）

又称太阳党，于 2013 年底创立，领导人是科摩罗前总统桑比，支持者包括科摩罗前副总统福阿德·穆哈吉（Fouad Mohadji）、前议长布拉恩·哈米杜（Bourhane Hamidou）等。

科摩罗民主集会（Rassemblement Démocratique des Comores，RDC）

于 2013 年 11 月创立，领导人是贾·艾哈迈德·昌利（Djaé Ahamada Changli），自称是社会民主团体，支持伊基利卢总统。

科摩罗民主进步运动（Mouvement pour la Démocratie et le Progrès，MDP）

于 1988 年 12 月成立，成员多为商界人士。对内主张实行多党制、经济自由化和私有化；对外主张不结盟，在相互尊重主权的基础上发展国家间关系，睦邻友好。该党是反对党联盟国家复兴论坛（Forum pour le Redressement National，FRN）的主要力量之一，在阿卜杜拉曼、乔哈尔和阿扎利执政时期均为反对党。主席为阿巴斯·尤素夫（Abbas Djoussouf），曾作为反对派代表参与签署《丰波尼共同声明》。

舒马党（Chuma Parti pour l'Unité et la Fraternité des Iles，CPUFI）

于 1981 年由流亡法国的赛义德·阿里·卡马尔（Said Ali Kamal）在巴黎成立。该党反对阿卜杜拉曼的集权统治，于 1996 年宣布加入国家复兴论坛（FRN）。该党反对 2001 年宪法修改，反对建立科摩罗联盟。

科摩罗民主阵线（Front Démocratique des Comores，FDC）

于 1981 年成立。该党恪守伊斯兰教理，宗旨是推动民主社会主义革命，建立以多党制为基础、保障公民基本自由和权利的法治国家。该党反对阿卜杜拉曼的集权统治，是国家复兴论坛的主要力量之一。1999 年阿扎利政变后，部分支持阿扎利的成员被驱逐出党。总书记为穆斯塔法·赛义德·谢克（Moustoifa Said Cheikh）。

科摩罗发展和现代化党（Parti pour le Dévelopement et la Modernisation des Comores，PDMC）

于 2005 年 6 月 12 日成立。宗旨是推动科摩罗建立法制化国家，发展国民经济，实现国家现代化。主席达乌德·阿杜马纳（Daoud Attoumane）曾留学中国，担任过科摩罗前总统桑比的外交顾问。

科摩罗国内的非政府组织团体包括技术工人及护士联合会，教师工会、医生工会、渔民工会、农民协会、学生联合会、农工商会、工商雇主协会、旅游企业协会、抗癌协会、抗艾滋病组织等。科摩罗民众的维权意识普遍较弱，很少组织大规模罢工。政府由于财政困难，时常拖欠公职人员工资，公职人员多次发起抗议活动，医生工会和教师工会较其他团队更为活跃，在维护行业权益方面发挥了重要作用，如，2011 年科摩罗公立学校教师举行罢工，时间长达半年；2016 年大科摩罗岛公立医院医护人员举行罢工。

第五节 防务

一 军队概况

科摩罗军队装备落后，规模仅 1000 人左右，主要用于平息国内叛乱、打击地区恐怖主义和本国分裂主义。1999 年 4 月，科摩罗军参谋长阿扎利政变上台后，将科摩罗的正规军、警察部队、宪兵部队和情报机构整编为科摩罗国家发展军（Armée nationale de développement）[①]，其中正规军和警察部队各 500 人左右，皆着法式军装。科摩罗正规军于 1990 年 12 月由原总统卫队（Garde Presidentelle）和原正规军合并而成，在大科摩罗岛、莫埃利岛和昂儒昂岛各设一支分队。

科摩罗实行自愿兵役制，军官和士官从年满 18 岁的高中毕业生中征召，士兵的招收则无严格的年龄限制，服役年限根据需要而定，一般服役 15 年。总统为军队最高统帅，总统府国防国务代表（相当于国防部长）和参谋长负责实际工作。根据科摩罗与法国的"防御协定"，法国负责科摩罗的海空防务，法国军舰定期在科摩罗海域巡逻。法国在马约特岛还设有海军基地和海外驻军司令部。

在陆军方面，由于科摩罗政府预算有限，一些士兵甚至没有作训服，军队几乎没有装备任何重型武器。科摩罗国家发展军装备的轻武器既有北约军队中最流行的 FAL 自动步枪，也有华约军队中最流行的苏制 AK – 47

---

① "科摩罗国家发展军"译自法文 Armée nationale de développement，其英文翻译为 Comorian Armed Force，直译为"科摩罗武装力量"，两者均表示科摩罗政府军队。

自动步枪、NSV 重型机枪和 RPG – 7 火箭筒。除此之外，科摩罗武装力量还装备有中国生产的 81 式自动步枪。中国政府在 2016 年 8 月给科摩罗援助过一批江铃汽车公司的域虎皮卡，用于科摩罗东非维和快速反应部队的组建。

在空军方面，科摩罗国家发展军装备有 10 架各型飞机，不过这些飞机几乎不具备任何空中打击能力。其中科摩罗军队中装备有 1 架法国 AS350 小松鼠直升机、2 架捷克生产的 L – 410 小型运输机和 1 架苏制米 – 14 直升机。科摩罗警察部队装备有 3 架意大利生产的 SF260 教练机、1 架美国的赛斯纳 – 402 多用途飞机。

在海军方面，科摩罗国家发展军配备有极少数的巡逻艇。2019 年 12 月，日本向科摩罗政府无偿援助了价值 3 亿日元的警备用高速船，用以保护科摩罗周边海域的安全。

科摩罗曾经是法国殖民地，在军衔建制上大致沿袭了法国军队的军衔制度。与法军军衔不同的是，科摩罗军队的军衔在其中一侧绘有象征伊斯兰教的黄色月牙形象。此外，科摩罗军衔建制中最高只有少将一级，没有中将、上将或元帅的级别。科摩罗的空军和海军比较弱，因此还没有出现空军或海军的专用军衔。

二　主要军事行动

1. 德纳尔的军事干涉

1976 年 1 月 2 日，阿里·萨利赫在"雇佣兵之王"德纳尔的支持下，发动了废黜阿卜杜拉曼总统的政变，萨利赫成为接管科摩罗的革命委员会负责人。1978 年，流亡法国的前总统艾哈迈德·阿卜杜拉·阿卜杜拉曼与德纳尔合谋，再次发动了针对萨利赫的军事政变。5 月 14 日，德纳尔带领 40 余名雇佣军从欧洲出发，在伊桑德拉镇附近的海滩登陆，并迅速向莫罗尼推进，包围了总统府和陆军司令部，把萨利赫软禁在家中，两周后秘密处决。在德纳尔的协助下，流亡到法国的阿卜杜拉曼返回科摩罗重新出任总统。1978 ~ 1989 年，德纳尔一直担任科摩罗总统卫队队长，权倾一时。在此期间，他改信伊斯兰教，改名赛义德·穆斯塔法·马杰布

（Saïd Mustapha Mhadjou），并娶了 6 名妻子。

总统卫队的主要任务是保护科摩罗总统，阻止反对派推翻科摩罗政府。卫队人数在 300～700 人，主要由科摩罗本地人组成，由大约 30 名与德纳尔出生入死的法国和比利时雇佣兵担任卫队的各级头目。总统卫队只对总统负责，不受科摩罗正规军的控制，这一点也引起了科摩罗民众与其他非洲国家的不满。

在 1983 年 7 月举行的三岛立法会选举过程中，总统卫队殴打并逮捕了抗议共和国单一政党制度的示威者。1985 年 3 月 8 日，大约 30 名士兵与科摩罗被禁政党建立了联系，并对总统卫队中的欧洲军官发动攻击，但这次兵变很快就被平息。在 1987 年 3 月的国民议会选举中，总统卫队再次逮捕了持不同政见的示威者。

德纳尔还一手策划了科摩罗与南非结盟的战略计划。1980 年以后，南非逐渐接管了对总统卫队的资助和训练工作，而德纳尔依然是这支队伍的实际领导人。作为回报，德纳尔将科摩罗变成南非在莫桑比克海峡搜集情报的基地以及向莫桑比克右派叛乱分子运送武器的转运站。

阿卜杜拉曼对德纳尔的种种行径越发反感。1989 年 9 月，阿卜杜拉曼聘请了一名法国军事顾问，并决心将总统卫队合并到正规军当中。经阿卜杜拉曼与法国政府、南非外交部磋商后，决定在 1989 年底前驱逐德纳尔和他的总统卫队。阿卜杜拉曼总统签署了解散总统卫队的法令，并给德纳尔下了立刻离开科摩罗的最后通牒。不久后，阿卜杜拉曼总统在其住所被暗杀。迫于法国政府和军队的压力，德纳尔最后还是被驱逐出了科摩罗。

1995 年 9 月 28 日，不肯罢休的德纳尔再次强行登陆科摩罗，并重组了"总统卫队"。时任法国总统希拉克严厉地谴责了德纳尔的非法行动，并要求法国国防部立即展开行动。10 月 3 日，法国政府决定正式军事干涉，行动代号为"杜鹃花"。法国在群岛周围部署了 600 余人的海军陆战队、伞兵部队和特种部队，向科摩罗群岛上的"总统卫队"发起了反攻，战斗持续不到 48 小时法国便宣告胜利。此后，德纳尔再未踏足科摩罗。

2. 2008 年攻占昂儒昂岛

昂儒昂岛是科摩罗实际控制的三个岛屿之一。2007 年 6 月，控制昂儒昂岛军政大权的穆罕默德·巴卡尔擅自举行选举，并在选举结束后宣布自己当选为昂儒昂岛主席，从而导致昂儒昂岛处于"独立"状态达 8 个月之久。非洲联盟、阿拉伯国家联盟等国际组织多次出面斡旋，但均以失败告终。2008 年 2 月，在国际调解小组再次宣布调解失败后，非洲联盟决定向科摩罗派出由坦桑尼亚部队统领的多国部队，协助科摩罗政府夺回昂儒昂岛的控制权。该行动还得到了利比亚、法国和美国的后勤支持。

科摩罗政府军和盟军约 2000 人（其中科摩罗 500 人、坦桑尼亚 750 人、苏丹 600 人、塞内加尔 150 人）于 2008 年 3 月 25 日凌晨开始攻岛行动。仅一天时间，科摩罗政府军及其盟军就以零伤亡顺利攻占了昂儒昂岛全境。守岛一方有 3 名士兵死于此次军事行动。次日，科摩罗总统府办公厅主任兼国防部长多萨尔宣布，在坦桑尼亚和苏丹等国部队的支持下，科摩罗政府军攻占昂儒昂岛的军事行动已取得决定性胜利。

第一节　经济概况

科摩罗是世界上最不发达国家之一，经济基础薄弱，基础设施落后，经济发展依赖外来援助。据世界银行统计，科摩罗联盟在 2019 年的总人口为 85.09 万人，其中农村人口约占总人口的 70.84%，共计 60.27 万人。2019 年，科摩罗从事农业的人口占劳动人口总数的 34.38%，从事服务业的人口占劳动人口总数的 46.79%，从事工业的人口最少，只占劳动人口总数的 18.83%。

农业是该国的主导产业，主要出口创汇农业经济作物包括香草、丁香、依兰和椰肉等。科摩罗依兰的产量和品质居世界前列。该国还是世界上第二大香草生产国，产量仅次于马达加斯加。该国的粮食生产无法自给自足，进口大米占进口商品总额较大比例。渔业资源丰富，但缺乏先进的捕捞技术。工业基础薄弱，严重依赖国外援助。旅游业具有一定的发展潜力，但大多数旅游资源处于未开发状态。

在世界银行 2019 年发布的《2020 年全球营商环境报告》中，科摩罗营商环境便利排名较上年上升了 4 位，在 190 个国家中排名第 160 位；其营商环境便利评分仅为 47.90 分，低于其所在撒哈拉以南非洲地区国家 51.61 分的平均值。2019 年科摩罗国民生产总值达 11.86 亿美元（见表 4-1）。2019 年 9 月 4 日，科摩罗总统阿扎利在例行内阁会议结束后宣布，根据世界银行公布的数据，科摩罗 2018 年人均国民总收入达到 1026 美元，首次从低收入国家跻身中等偏下收入国家行列。

表 4 – 1　2009 ~ 2019 年科摩罗国民生产总值统计

单位：亿美元

2009	2010	2011	2012	2013	2014	2015	2016	2017	2018	2019
9.02	9.08	10.23	10.16	11.16	11.50	9.66	10.13	10.77	11.79	11.86

资料来源：世界银行。

　　1991 年 5 月，科摩罗开始执行国际货币基金组织和世界银行联合制订的"结构调整计划"。1995 年，科摩罗的结构调整计划陷入僵局，国际金融机构基本冻结了对科援助。2000 年初，国际货币基金组织和世界银行原则上同意援科，但未有实质性行动。2003 年 12 月，科摩罗各方签订《科摩罗过渡措施协议》，决定执行过渡预算制，但各岛与联邦政府存在财政纠纷，各岛未按规定上缴有关税收导致政府财政收入减少。2005 年，受世界香料市场的影响，香料等主要经济作物的价格持续低迷，国家财政收入锐减，国库空虚，工资拖欠日益严重。

　　2006 年 5 月，昂儒昂岛独立候选人、宗教领袖桑比当选总统。在任期间，他主张加快发展农业和中小企业，进一步增加就业，扩大出口，改善民生。在桑比总统的努力下，科摩罗的经济发展略有起色，但 2008 年的国际金融危机影响到科摩罗争取外国援助和投资，其经济发展再次受到冲击。伊基利卢 2011 年就任总统以后，科摩罗政府加大对农业、基础设施、卫生等领域的投入，以优化营商环境，争取更多的外援和投资。2012 年 12 月，国际货币基金组织和世界银行的国际开发协会为科摩罗提供了 1.76 亿美元的债务减免，使科摩罗未来 40 年的外债偿还额减少了 59%。2013 年底，科摩罗达到了国际货币基金组织宣布的"重债穷国债务减免倡议"的完成点。

　　2017 年，科摩罗政府提出"2030 新兴国家"发展战略，重点推进水资源开发和道路、港口等基础设施建设，改善卫生和教育体系，发展数字化和创新技术。2019 年 5 月，科摩罗总统阿扎利在就职典礼上多次提及"2030 新兴国家"发展战略，并指出："科摩罗有油气资源，这是国家之幸。但我们不希望这些潜在资源被石油集团或竞争对手利用，所以目前我们的新兴战略并没有囊括这些资源。对于国家发展，石油不可或缺但其存量有限，石油开发关乎未来一代，需要全民来守护。另外，气候和环境等领域也需要内外投资。我们国家将通过专业外交官和使团，加强国际合作来支持国家的发展。通过这些项目，我们国家在未来5年创造数千就业岗位指日可待。"

2018年9月1日，习近平在人民大会堂会见阿扎利总统时表示愿将"一带一路"倡议同科摩罗"2030新兴国家"发展战略对接，继续为科摩罗实现自主可持续发展提供力所能及的帮助。2019年7月22～27日，科摩罗总统阿扎利与法国总统马克龙签订了《关于建立科法新型合作伙伴关系框架协议》。根据该框架协议，法国将在3年内向科摩罗提供1.5亿欧元的援款，用于支持科医疗卫生、教育、边防等14个优先发展领域，助推科摩罗的"2030新兴国家"发展战略。

第二节 农业

一 农业概况

根据世界银行2019年的统计，科摩罗总面积为1861平方千米（不包括马约特岛），其中71.5%的土地（1330平方千米）被用于农业，全国可耕地面积共7万多公顷；森林面积达367平方千米，森林覆盖率为19.7%。2019年，科摩罗共有34.38%的劳动力从事农业生产。据科摩罗国家经济、人口统计研究所（INSEED）公布的数据，2018年科摩罗农业产值占国内生产总值的30.5%。

科摩罗群岛是地质隆起的典型代表，其可耕种土地多为丘陵型的山坡。整个群岛没有成体系的现代种植业。从海拔上看，全国可分为两种农业区：海拔在400米以下的沿海农业区和高山区。科摩罗重要的出口农产品，如香料、椰子产自沿海农业区，木薯、甘薯、香蕉、旱稻、蔬菜等农作物则多产于高山区。

科摩罗的经济作物主要有丁香、香草、依兰和椰子。科摩罗的粮食作物主要为水稻、玉米和薯类等；水果主要有椰子、香蕉、杧果、木瓜、菠萝、波罗蜜、橙子、柠檬、橘子等；蔬菜主要有黄瓜、茄子、番茄、洋葱、辣椒、南瓜、生菜等。科摩罗的农产品生产无法实现自给自足，需要从国外进口。

科摩罗畜牧业不发达，既没有大面积草场，也没有现代化的畜牧业机械设备。牲畜主要以肉牛、山羊、绵羊和家禽为主，奶牛并不常见。科摩罗的肉类生产加工也无法满足其需求。近年来，进口牲畜带来的疾病造成科摩罗本地牲畜大量死亡，而进口肉类产品的价格优势更是使当地的畜牧业受到了巨大冲击。

科摩罗的渔业无人工养殖，全部依赖人工海洋捕捞。科摩罗周边海域的渔业资源丰富，主要鱼种包括金枪鱼、红鱼和青鱼等。但是由于缺乏现代化捕捞技术，科摩罗的海产品尚未实现自给自足。根据《对外投资合作国别（地区）指南：科摩罗（2019 年版）》提供的数据，科摩罗现有渔民 8000 余人，年捕鱼量约 16000 吨。渔业每年可为科摩罗提供约 3.25 万个工作岗位（0.85 万个直接岗位和 2.4 万个间接岗位），占科摩罗总人口的 6%。2004 年科摩罗与欧洲委员会签订了渔业合作协议，欧洲委员会先后援助 39 万欧元，用于支持科摩罗的渔业发展，以提高海洋资源的可持续利用。

农业是科摩罗国民经济发展的支柱产业，但长期以来农业发展水平落后、农业产能低下。整体而言，科摩罗政治环境动荡、生产技术落后、生产资料短缺是造成科摩罗农业经济落后的主要原因。

在政治环境方面，虽然科摩罗历届政府均把农业发展视为国家优先发展的战略，制定了农业发展的规划，但由于科摩罗政局长期动荡，政府的承诺很难真正落地，农民对国家的农业发展规划和政策实施的信心减少。此外，政府不重视农业发展数据的整理、市场和技术信息的调查研究等工作。长期的殖民统治导致农民文化素质低，依赖思想严重，缺乏对农业科技创新的热情，大多数人没有意识到运用新技术进行农业生产的重要性。

在生产技术方面，科摩罗的农业生产技术落后、生产效率低下，农业生产全过程几乎全靠人力完成。科摩罗建有农业科学院，但是农业技术研究人员严重缺乏。政府长期拖欠农业官员和农业技术人员的工资,使得他们对农业自主创新工作缺乏热情,农业技术的普及和应用主要依靠外部援助。为数不多的农业设施大多年久失修,未能被充分利用。

科摩罗农业生产资料短缺,甚至连基本的生产工具都不具备。据2013年中国农业部的非洲农业国别调研报告,科摩罗的生产资料几乎无一齐备,如田间农业生产工具、农业生产物资、农业生产技术资料、农业加工小型机械设备、渔业设备等。

在农产品销售渠道方面,因科摩罗交通设施落后且运输成本高,农产品不能及时进入市场,多数农产品在当地村级市场上销售。科摩罗政府的农产品出口扶持政策不力,农产品生产标准不齐备,农产品的定价机制不完善,市场交易原始。此外,科摩罗农民的识字率低,较难获取国内外有效的市场需求信息。

二 农业管理

1. 农业政策及相关法规

1994年6月22日,科摩罗议会通过了《环保法》,对土地、森林、大气、水源、海水和自然保护区的环境保护做出了具体规定。《环保法》规定,从事农业开发的企业不得破坏水源地,禁止向内河和大海倾倒垃圾、排放污水。保护植物和森林,禁止乱砍滥伐和焚烧森林树木。任何违反《环保法》的人员,可判处1~5年的监禁并罚款2500美元。未事先向环保部门报备,从事农业开发项目的企业和个人,处罚款120~1200美元。

2005年,东非成员国、世界银行与国际货币基金组织在毛里求斯召开了援科圆桌会议,制定了《消除贫困和经济增长战略》。该战略成为指导科摩罗农业发展的政策纲领性文件。战略将提高科摩罗农业生产水平、收入和竞争力作为农业发展的重中之重,同时提出调整和巩固土地所有权,提高农业产品生产量,创造有利于农业发展的环境,大力发展渔业产业,提高鱼类产品的贮藏、加工、市场能力,防治牲畜受外来疾病的感染等一系列具体举措。

2007 年 8 月 31 日，科摩罗政府通过并实施新的《投资法》。根据该法案，政府对农业、渔业、养殖业、畜牧业、旅游业、信息和新技术领域的投资采取免税的激励政策。根据投资规模，免税期分为 7 年（投资额在 20 万欧元以下）和 10 年（投资额在 20 万欧元以上）两个档期。此外，该法案在企业购买土地方面也制定了相应的优惠政策。

2017 年 1 月，科摩罗政府发布了《2017～2021 年加快经济增长战略》。该战略计划将科摩罗每年粮食自主供给能力的增幅从 2% 提升至 6%；摒弃传统种植方式，采取多种手段提高粮食和蔬菜的产量；在农产品深加工和国际市场准入方面进行改进，实现出口总值翻一番；探明渔业资源储量和可捕捞量，合理、有效地开发渔业资源；提高渔业产品附加值 150%，渔业出口由 8000 吨增至 20000 吨；组建传统和半工业化相结合的国家捕捞船队，实行近海和远海捕捞相结合的捕捞方式；提高出口食品卫生质量，与相关国际标准接轨，成立海产品深加工企业等。

2. 农业土地管理

科摩罗尚未颁布土地法。根据科摩罗 2007 年通过的《投资法》规定，投资商可自由购买或出售土地。政府给予投资农业领域的企业免税待遇。

科摩罗从法国独立出来以后，一些土地被当地农民占有或分割，成为事实占有，但国家并未发放土地所有权证，这导致众多土地所有权的纠纷难以解决。据世界银行统计，2020 年科摩罗的人口密度达到了每平方千米 467 人，是非洲人口最密集的国家之一。科摩罗地少人多，大约有 30% 农民没有任何土地，他们多在当地的大农场主家以租地或打工的方式维生。

在这种土地经营管理模式下，科摩罗形成了分散落后的个体农业经济形态，土地经营管理规模小，个体力量单薄，无法采用新技术，多种因素共同阻碍了农业生产力的进一步发展。

3. 农业技术服务体系

农业部主要负责制定农业发展的相关政策，对农业咨询中心、农会、专业协会等组织进行指导，争取农业外援项目，不直接开展农业技术研究和推广工作。

科摩罗农业技术服务力量相对薄弱。据 2013 年中国农业部国际交流服务中心的非洲农业国别调研报告，科摩罗承担技术推广工作的部门主要包括政府机构、农业技术咨询中心、农会、专业协会等机构。其中各类农会或专业协会是科摩罗农业组织化生产最有效、最成功的组织，在很大程度上弥补了国家政府部门在农业技术推广上的不足，对科摩罗农业科技进步和农村经济发展发挥着重要作用。

科摩罗各岛的农业咨询中心设置运作不尽相同。大科摩罗岛共设 2 个技术咨询中心，中心的经费及工作人员的工资主要依靠外援。昂儒昂岛则按照县域设 6 个技术咨询中心，每个中心有 3 ~ 4 名固定技术人员，由国家财政拨款，同时还会根据项目需求不定期招聘临时技术员，人员工资从项目经费中开支。莫埃利岛有 3 个农业咨询中心，其运作模式和现状与昂儒昂岛类似。目前，由于经费短缺，各技术咨询中心主要通过争取国外农业项目来开展工作。每个中心都有自己的示范田或农场。在争取到农业外援项目后，先在示范田或农场内对新技术和新品种进行试验，再对农民进行免费培训。技术咨询中心有时根据项目的安排举办一些短期培训班。

国家级的农会和农业协会可以争取到一些项目，为农民提供新种子、新技术，并帮助农民销售农产品。此外，全国多数村庄还有农户自发组织的农业协会。不过这些村级农业协会很难得到外界的援助，但在同村农民交流合作和农业技术推广普及方面有其独特的优势。

三　种植业

1. 香料生产

丁香、香草、依兰三大经济作物在科摩罗农业经济体系中处于绝对的优势地位，也是科摩罗出口创汇的主要来源之一。近些年，科摩罗政府以科摩罗香料办公室为依托，为香料产业的发展获取了较多外部援助。科摩罗香料办公室隶属于农业、渔业、环境部，其主要任务是推广香料种植技术，同时协助香料的加工和出口。在农村，农户也自发成立香料种植协会。科摩罗国家经济、人口统计研究所 2017 年的数据显示，丁香、香草、依兰的产量分别为 1690 吨、34 吨、26 吨。

丁香（clove）

丁香是一种高级经济作物，既可用作药材也可用作香料，从中提炼出的丁香油不仅可以用于食品加工、香烟调制，还是制造高级化妆品的主要原料。科摩罗的丁香种植集中在昂儒昂岛和莫埃利岛，其中昂儒昂岛的产量占到 90% 以上。丁香一般种植 20 年后为盛产期，科摩罗在 20 世纪 60 年代至 80 年代中期种植了大量丁香树，现在正处于丁香的盛产期。

香草（vanilla）

香草是一种高级食用香料，原产于墨西哥，被广泛用于食品工业、烟、酒和高级化妆品的生产中。科摩罗的香草主要出口到法国和美国。近年来，科摩罗的香草种植和出口受到多方面因素的制约。其一，除马达加斯加和科摩罗等传统香草种植国外，其他国家也加入了香草种植行列，形成了日趋激烈的竞争格局。香草的国际市场价格波动频繁，影响了科摩罗农民的种植积极性。其二，科摩罗的香草种植技术落后，无法有效处理香草病虫害等问题。其三，科摩罗财政紧张，产业投入有限，生产加工技术落后。

依兰（ylang-ylang）

依兰具有独特浓郁的芳香气味，是香料工业重要的原材料之一。依兰香广泛用于香水、香皂和化妆品等产品的生产过程。科摩罗的依兰香主要出口法国，有小部分出口到美国和其他国家。科摩罗目前的依兰香产业主要面临两方面的问题：一是科摩罗依兰种植园缺乏有效管理，技术落后且树木老化；二是蒸馏技术落后，依兰精油的质量停滞不前，影响到高纯度精油的产量。

2. 椰子生产

根据联合国粮农组织 2016 年的调查数据，科摩罗拥有全世界 0.3% 的椰林，世界排名第 25 位，椰子栽培面积为 33851 公顷，年度总产量为

101055 吨。科摩罗每年椰子产品的出口额占全国总出口额的 15.5%，仅次于香草和依兰，位居第三。

科摩罗的椰子品质较好，但是科摩罗的椰树管理不善，椰林内荆棘丛生，老鼠和虫害多，导致椰子低产。为尽快获利或避免被盗，当地农民在椰果成熟前就开始采摘，也影响到椰干的质量和产量。此外，科摩罗的椰干加工技术落后，多为小作坊生产，加工质量参差不齐。

3. 粮食生产

科摩罗人的主食有大米、玉米和木薯，科摩罗人的正餐主要有烤香蕉、烤木薯和烤面包果，科摩罗人在饭后或劳动后还常常喝一碗用木薯做成的糊状汤，咖啡是科摩罗普通家庭的饮品。由于粮食、蔬菜、肉类等食品及生活必需品主要依靠进口，科摩罗的粮油物价水平较高。

图 4 - 1、图 4 - 2 分别是世界银行发布的 1961～2016 年 "科摩罗谷物总产量" 及 "科摩罗谷物种植面积" 数据。进入 21 世纪后，科摩罗的谷物生产规模持续扩大。2016 年，科摩罗的谷物生产总量达到了 40100 吨，大约是 20 世纪 90 年代谷物生产总量的 2 倍。科摩罗谷物产量增加的主要原因在于近年来用于种植谷物土地面积的增加。

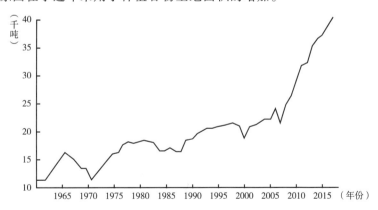

图 4 - 1 1961～2016 年科摩罗谷物总产量

数据来源：世界银行。

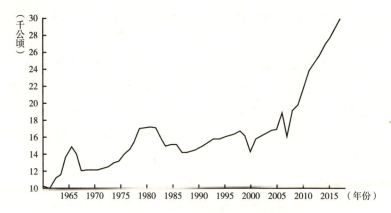

图 4 - 2　1961 ~ 2016 年科摩罗谷物种植面积

数据来源：世界银行。

四　渔业

独特的地理位置为科摩罗带来了丰富的渔业资源，渔业成为科摩罗发展和振兴国民经济的重要抓手之一。据 2013 年中国农业部国际交流服务中心的非洲农业国别调研报告，科摩罗海洋专属经济区约 16 万平方千米，粗略估计鱼类储量约 5 万吨，鱼类品种达 90 余种，主要有金枪鱼、红鱼、青鱼、箭鱼、石斑鱼和龙虾等。出于宗教原因，科摩罗人忌食螃蟹、龙虾等海产品，市场上多见金枪鱼、鲹鱼、鹦鹉鱼等，品种之间价格差异不大，销量最大的是金枪鱼。

科摩罗捕鱼技术落后，渔船多为 3 ~ 4 米长的独木舟，只能在离岸500 ~ 600 米的海域钓鱼，或用渔叉、渔网捕鱼。科摩罗远海的捕鱼权转让给了欧盟。自 1988 年以来，欧盟与科摩罗等非洲国家签订一系列渔业协定，通过支付捕捞费获得捕捞许可。该协定允许欧盟成员国进入科摩罗海域进行金枪鱼等鱼类的捕捞。根据 2014 年签订的《欧盟与科摩罗新渔业协定》，法国、西班牙和葡萄牙等国家每年可在科摩罗海域捕捞 6000 吨的金枪鱼。

湿热的环境给科摩罗渔业产品的储存带来挑战，建设超低温冷库成为科摩罗政府的迫切需求。2015 年初，中国企业中科美菱开始承建科摩罗第一批超低温冷库项目。科摩罗大量的金枪鱼、三文鱼成为冷库的主要冷藏品，形成了一条可持续的食品加工产业链，推动了科摩罗渔业发展和经济振兴。

五 国际援助

科摩罗农业发展主要依靠国外援助。相关国家或国际组织为科摩罗提供资金或农业技术支持，同时协助科摩罗政府科学地制定全国农业长期发展规划，并针对农业发展中的问题提出了许多建设性建议和对策。

驻科摩罗法国发展署是科摩罗最大的援助机构。自 1974 年设立以来，先后资助的项目达 100 多个，项目资金总额超过 1 亿欧元。最近一次援助是在 2017 年 9 月，法国开发署向科摩罗提供了 400 万欧元的援助，支持科摩罗发展农业和渔业。2019 年 7 月 11 日，法国开发署在科摩罗召开专题研讨会，决定开展对科摩罗出口行业及乡村发展支持项目的可行性研究，拟自 2020 年起向科摩罗提供援款，用于提高科摩罗农产品出口创汇能力，增强综合竞争力。

2009 年 8 月到 2010 年 8 月，中国农业部和商务部联合派出了援科农业专家组。专家组对科摩罗当地的椰子、香蕉、荔枝、香料等当地热带作物的生产加工进行调查研究，面向当地农业技术人员和农民开展热带作物生产专题技术培训，并帮助制定科学的生产发展规划，提出农业发展建议。2012 年 12 月 19 日，中国和科摩罗签订《中华人民共和国政府和科摩罗联盟政府经济技术合作协定》，该协定的内容涵盖了两国在农业技术上的合作。

联合国粮农组织通过各种形式帮助科摩罗改进农业统计数据的收集，帮助科摩罗建立全国农业普查信息系统，协助科摩罗增强森林和其他自然资源的治理和可持续管理，帮助科摩罗发展农业和家畜生产的多样化、集约化和商业化以增强农业竞争力。2017 年，联合国粮农组织与科摩罗政府开展合作，将科摩罗的家禽业作为改善其营养食品供应和增加农民收入的突破口。联合国粮农组织与约 400 名科摩罗农民合作，向每位农民提供 5 只鸡，并进行饲养家禽的培训，成立家禽饲养小组，建造了 250 多个鸡舍。该项目获得了成功，农民们每月因此获得了 800 只至 900 只新孵化的小鸡和 2.1 万个鸡蛋。

自 2001 年开始，欧盟先后援助科摩罗农业近 500 万欧元，以科摩罗香料办公室为依托，对科摩罗三大香料优势产业进行重点资助与扶持。此外，欧盟对科摩罗渔业发展进行了战略研究，为科摩罗渔业发展提出很多有价值的发展建议。

此外，比利时、土耳其、世界粮食计划署（WFP）、国际农业发展基金（IFAD）、阿拉伯非洲经济开发银行（ABEDA）、欧洲开发基金会（EDF）、非洲开发银行、伊斯兰银行等国家和国际组织都以不同形式对科摩罗进行农业发展方面的援助。

第三节　工业

科摩罗工业基础薄弱，规模小，以农产品加工业为主，没有大型工业。世界银行 2019 年统计数据显示，科摩罗从事工业的人口占总人口的比例为 18.83%。科摩罗手工业主要以加工当地的香草和依兰等经济作物为主，2017 年其产值只占科摩罗 GDP 的 11.8%。

殖民统治期间，法国曾在科摩罗建有一些香料加工厂。科摩罗独立后，法国逐渐撤出香料加工行业，香料加工厂陆续停产，取而代之的是一些家庭式的香料加工手工作坊。除此之外，科摩罗有少量的民族手工艺品出口。印刷品、木制品、简易小艇等，可勉强维持国内需求。

科摩罗的地理环境严重限制了工业的发展，人口分散于各岛，难以形成规模化工业生产，再加上资源匮乏，电力费用昂贵，生产成本高居不下，技术工人极为短缺，致使科摩罗工业发展困难重重。

第四节 交通与通信

一 交通

1. 道路系统

根据中国驻科摩罗大使馆经济商务参赞处统计，科摩罗共有 880 千米的道路，其中 673 千米为铺装路面，主要位于沿海地区。在内陆山区，有些村庄只有一些车辆难以通过的泥泞小路与主道路相连。道路等基础设施建设是科摩罗"2030 新兴国家"发展战略的重点之一。随着发展战略的推进，科摩罗的道路系统有望得到一定改善。

1907 年，法国殖民者在科摩罗修建了一条 60 厘米宽的工业窄轨铁路，用于发展当地的种植园经济。目前，科摩罗还未建成任何铁路网。

2. 港口航运

科摩罗的货运几乎全部来自海上。科摩罗共有三个海港，分别是莫罗尼港、穆察穆杜港和丰波尼港。其中莫罗尼港有两个泊船位，能停靠 3000 吨以下的货轮；穆察穆杜港是科摩罗最大的港口，可以停靠 1.5 万吨级的货轮；欧盟援建的丰波尼港是科摩罗最小的港口，只能停靠 1000 吨以下的货轮。这三个港口均无法停靠大型货轮。大型远洋货轮一般停在距离岸边几百米的海上，把货物卸载到驳船上，再分批运往岛上。有时，一些科摩罗从国外进口的食物会因港口转运时间太长而变质。在 12 月到来年 3 月的飓风季节，港口装卸工作极其危险。运往科摩罗的大部分货物基本上都要经过蒙巴萨（肯尼亚东南沿海城市）、留尼汪或马达加斯加进行中转。

科摩罗还没有独立的商船队，但是有往返于科摩罗和马达加斯加的客船。在莫罗尼有私人经营的科摩罗转运公司（Société Comoriennede Navigation）。马约特岛有一家名为 SGTM 的法国航运公司，其岛际客轮可载客 200 人左右。除此之外，SGTM 还提供快艇和小型货船运输服务。

3. 机场航运

据 Great Circle Mapper 的世界机场数据，科摩罗共有四个铺装跑道的正规机场，其中最大的机场是赛义德·易卜拉欣王子国际机场（Aéroport international de Moroni Prince Said Ibrahim），建有长度为 2438 米的飞机跑道，可以起降波音 747 - 400 型客机。该机场位于莫罗尼市区 12 千米外的霍尔迪亚镇上，往返机场的主要交通工具是出租车。位于伊科尼镇的莫罗尼老机场的跑道长度只有 1355 米，现已停止运营。昂儒昂岛和莫埃利岛的小型机场跑道长度分别为 1330 米和 1292 米，主要用于科摩罗国内的岛际航运。

科摩罗航空仅提供科摩罗群岛内部的航运，国际航线都由外国航空公司控制。20 世纪 90 年代，科摩罗与法国、毛里求斯、肯尼亚、南非、坦桑尼亚和马达加斯加之间的国际航线相继开通。

莫罗尼国际机场有肯尼亚、马达加斯加、坦桑尼亚航空公司班机经停，可飞往内罗毕、塔那那利佛和达累斯萨拉姆，但没有直达中国的航班。科摩罗航空公司（私营）每周定期有航班飞往昂儒昂岛、莫埃利岛和马约特岛，但飞机小，安全性能有待提高。

受科摩罗多变气候及多山地形的影响，飞机的起降难度较大。2009 年曾发生过一起严重的空难。2009 年 6 月 30 日，一架飞往莫罗尼赛义德·易卜拉欣王子国际机场的也门航空公司空客 A310 - 300 型客机在科摩罗群岛坠毁。由于科摩罗缺乏海上搜救能力，空难后的搜救主要由法国承担。机上 153 人最后仅有一名小女孩被当地渔民发现并救出。2011 年 11 月 27 日，当地一架载有 29 人的小型飞机从赛义德·易卜拉欣王子国际机场起飞后不久失去控制。该机迫降在该机场以北 5 千米的海面上后，被当地渔民营救上岸，此次空难只造成一些人轻度受伤。

二　电信网络

科摩罗的电信行业长期由科摩罗电信（Comores Telecom）和马达加斯加的泰尔玛公司（Telma）两家公司垄断，主要业务包括固定电话、蜂窝移动电话和互联网。根据中国驻科摩罗大使馆经济商务参赞处的调查，2009 年科摩罗电信公司进行搬迁扩容，同时开通了 CDMA 无线上网。2017 年 8 月 1 日，两家公司实现了互联互通：用户之间可以互通电话并收发短信。

2017 年科摩罗与法国通信网络运营商 Orange 集团签订了印度洋海底光缆系统 FLY-LION3 建设与维护合同。该海底光缆系统由法国无线电话公司（Societe Reunionnaise du Radiotelephone）与科摩罗电缆公司（Comoros Cables）联合投资建设，为现有的 LION 和 LION2 海底光缆系统提供延长线路。

根据电缆网资料，LION 是连接留尼汪、毛里求斯和马达加斯加的海底光缆系统，全长 1060 千米，于 2009 年 11 月投入使用。LION2 是 LION 的第一次延长，连接至马约特岛和肯尼亚，全长 2700 千米，于 2012 年 4 月投入使用。

FLY-LION3 海底光缆系统连接马约特岛和大科摩罗岛，全长 400 千米，采用 2 对光纤设计。不仅如此，FLY-LION3 还将连接东非海底光缆系统。随着东非海底光缆系统接入，岛际间通信服务质量有明显提高。

科摩罗重视引进中国的光纤技术，时任副总统兼邮政、电信、数字经济部部长阿布达拉·赛义德·萨鲁玛参加了 2016 年在浙江乌镇举办的第三届世界互联网大会中非互联网合作论坛。他表示科摩罗和中国在现代通信技术领域开展合作具有重要意义。目前，科摩罗正在和华为公司共同建设地面光纤和地下光缆。

目前，科摩罗一半以上的人口已经开始使用移动电话。非洲开发银行的统计数据显示，近十年来，移动电话用户比例不断增加（见表 4－2）。除此之外，科摩罗使用互联网的用户数也在逐年增长，但因基础配套设施不完善，网络质量差，费用高，截至 2017 年，科摩罗的互联网用户只占其总人口的8.5%。

科摩罗的网络移动支付正处于起步阶段。2017 年 11 月 18 日，科摩罗转账及有价证券交易之家（MCTV）推出"Wari"计划，旨在使用手机软件移动支付。在此之前，科摩罗电信公司也推出过"Huri Money"的手机银行服务，可实现转账、收汇款、支付、购买充值卡等功能，但因未经科摩罗中央银行审批而被暂停。

表4-2 2009~2018年科摩罗移动电话用户比例

单位：%

2009	2010	2011	2012	2013	2014	2015	2016	2017	2018
18.2	24.0	30.6	39.2	46.9	50.4	54.6	57.1	54.9	59.9

资料来源：非洲开发银行。

第五节　旅游业

科摩罗的旅游资源丰富，海岛风光秀美，伊斯兰文化特色鲜明。因独特的海洋气候，科摩罗植被异常茂盛，漫山遍野是碧绿的芭蕉丛、巨大的面包树和花香扑鼻的依兰花丛。大科摩罗岛上的卡尔塔拉火山是当地一道独特的风景线，火山口下面有一个永久营地供徒步的游客在此搭设帐篷。

科摩罗群岛保持着前工业时代的生态多样性。在科摩罗近海生活的腔棘鱼曾吸引了日本的鱼类爱好者们慕名前来参观，这种稀有的鱼类被作为科摩罗国宝印在1000科摩罗法郎的纸币上。科摩罗群岛的森林中生活着狐猴，悬崖峭壁上可见到科摩罗狐蝠（pteropus livingstonii）的身影。莫罗尼北部的海域经常出没的海豚和昂儒昂岛在每年9月举办的"国际海龟节"都是当地旅游的一大特色。

根据世界银行的统计，近年来，科摩罗国际旅游业收入占到财政收入的四成以上，每年为科摩罗贡献约3000万美元的收入（见图4-3），其中2018年科摩罗全年的旅游业收入达到4000万美元。目前，赴科摩罗观光的游客大多来自欧洲。根据世界银行的统计，前往科摩罗旅游的外国游客每年2万多人次，并呈上升趋势（见图4-4）。

2010年，科摩罗农商会（UCCIA）宣布成立"旅游俱乐部"，旨在推

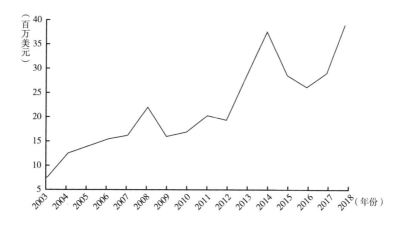

图 4 - 3 2003 ~ 2018 年科摩罗旅游业收入

数据来源：世界银行。

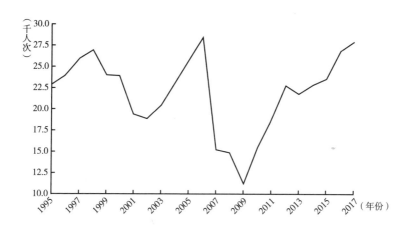

图 4 - 4 1995 ~ 2017 年科摩罗入境游客数

数据来源：世界银行。

动旅游法规的制定，设立国家旅游局，督促政府加快申请世界旅游组织成员国的谈判进程。2017 年，在中国举行的世界旅游组织第 22 届全体大会上，科摩罗正式成为世界旅游组织的第 157 个成员国，这将为科摩罗旅游业带来更多商机。

第六节　财政与金融

一　财政收入与国际援助①

科摩罗是世界上最贫穷的国家之一，贸易和预算赤字居高不下，严重依赖外国援助。近年来科摩罗政府进行经济结构调整，努力削减公共开支。根据国际货币基金组织的统计，截至 2018 年底，科摩罗外债总额达到 2 亿美元。多边债权方主要有世界银行、非洲开发银行、阿拉伯非洲发展银行、国际货币基金组织等，法国是科摩罗最大的双边债权国。

科摩罗法郎从 1994 年 1 月开始贬值，该年人均国民生产总值估计为 400 美元。国民生产总值在 20 世纪 80 年代每年平均实质增长 3.1%，但人口快速增长使人均国民生产总值每年平均下降 0.6%，实际国内生产总值在 1980 ~ 1985 年每年增长 4.2%，在 1985 ~ 1988 年每年增长 1.8%，1990 年增长 1.5%。1991 年，科摩罗的国际收支平衡出现困难，国际开发协会将科摩罗纳入特别援助计划，该计划旨在为帮助撒哈拉以南非洲地区受债务困扰的国家。

1978 年，阿卜杜拉曼政府与法国恢复邦交后，科摩罗经济更为依赖法国的援助。1990 年，科摩罗公共外债总额为 1.62 亿美元，相当于国民生产总值的 3/4 左右，科摩罗与国际货币基金组织就经济重组计划进行谈判。1992 年 9 月，科摩罗在世界银行和国际货币基金组织的要求下，解雇了 9000 名在册公务员中的 2800 人，另外还推进了一系列的人事调整。

1993 年 5 月，联合国开发计划署再给予科摩罗 200 万美元信贷，用于鼓励民营企业发展和降低失业率的计划。1994 年 3 月，国际货币基金组织在结构调整贷款机制下，给予科摩罗 190 万美元的新信贷。1994 年 1

---

① 本节部分内容参考张宏明《非洲法郎汇率贬值原因分析》，《世界经济》1994 年第 8 期，第 73 ~ 79 页。

月，欧洲发展基金向科摩罗拨款 130 万欧洲货币单位用于发展小企业。科摩罗还通过法国援助与合作基金获得了 570 万法郎的农业和农村发展专项资金。2001 年，世界银行向科摩罗提供了 600 万美元的优惠贷款，阿拉伯联盟首脑会议也为科摩罗设立了 1000 万美元的民族和解进程专项基金。该年 7 月在巴黎举行的"科摩罗之友"会议上，科摩罗又获得了来自法国、南非、毛里求斯、马达加斯加、法语国家组织、欧盟等国家和组织的 1280 万美元的国际援助。2008 年，国际货币基金组织向科摩罗提供 1750 万美元的援助用于昂儒昂岛冲突后的重建工作。

2010 年 3 月，科摩罗和卡塔尔政府在多哈联合召开了支持科摩罗联盟发展与投资会议，阿拉伯国家承诺为科摩罗提供 5.4 亿美元的援助和投资项目。2016 年底，应科摩罗政府要求，沙特阿拉伯政府决定通过该国发展基金会（SFD）向科摩罗政府提供 2200 万欧元的无偿援助，用于修建大科摩罗岛机场到 Qalawa 的道路（23 千米）以及昂儒昂岛 Dundee 到 Langoni 的道路（12 千米）。

2012 年科摩罗达到了国际货币基金组织的减债计划完成点，国际社会开始启动新一轮的减债计划。该年 12 月，国际货币基金组织和世界银行的国际开发协会为科摩罗提供了 1.76 亿美元的债务减免，使科摩罗未来 40 年的外债偿还额减少了 59%。2013 年底，科摩罗通过了国际货币基金组织的"扩展信贷基金"第六次审查，其公共债务率大幅下降。从 2012 年到 2013 年，科摩罗公共债务率从 51.3% 降到了 26.3%，此后基本保持不变。2018 年科摩罗的公共债务率为 25.8%。

2013 年 9 月，世界银行向科摩罗提供了 2730 万美元的贷款援助，用以发展科摩罗电信和能源产业。同年 11 月，非洲开发银行又向科摩罗提供了 2010 万美元的贷款用于科摩罗电网建设。2016 年 12 月，法国发展署向科摩罗财政部提供 80 万欧元的援助，用于发展科财政金融业。2017 年 1 月 19 日，中国和科摩罗签署了免除科摩罗政府部分债务的议定书，以支持科摩罗发展本国经济。2017 年 9 月，法国发展署向科摩罗提供 400 万欧元的援助，支持科摩罗发展农业和渔业。2019 年 7 月，科摩罗和法国签订《关于建立科法新型合作伙伴关系框架协议》。根据该框架协议，法国在 3 年内向科摩罗提供总计 1.5 亿欧元的援助，用于支持科医疗卫生、教育、边防等 14 个优先发展领域，助推科摩罗"2030 新兴国家"发展战略。

除了来自其他国家的援助，科摩罗海外侨民的援助为科摩罗经济的发展提供了重要支撑。2019 年 5 月，科摩罗总统阿扎利在就职演讲中就专门提到："我们的海外侨民也是实现新兴国家发展的重要推动力量。我们是非洲大陆上侨汇占比较大国家之一。这些侨汇大多用于家庭开支，我们需要共同行动，理性使用侨汇，使得它们能服务于经济和国家发展。"

二 货币流通

科摩罗法郎（法语：franc comorien），货币编号 KMF，是科摩罗的法定货币。辅币单位为分，1 科摩罗法郎 = 100 分。科摩罗法郎的币值如下：硬币有 1、2、5、10、25、50、100、250 科摩罗法郎，由巴黎造币厂铸造；纸制钞票有 500、1000、2000、5000、10000 科摩罗法郎，由法国银行印制。

科摩罗在 1979 年 11 月 23 日正式加入非洲法郎区。非洲法郎在 1994 年 1 月 12 日贬值 50%，1 法国法郎可兑 100 非洲法郎。科摩罗法郎随之也贬值，但不再直接与非洲法郎等值，1 法国法郎可兑换 75 科摩罗法郎。随着 1999 年 1 月欧元的出现，科摩罗法郎开始与欧元挂钩。现在的兑换率大约为 492 科摩罗法郎兑换 1 欧元。[①]

科摩罗法郎可自由兑换欧元，科摩罗法郎与美元的汇率变化趋势与欧元兑换美元的变化相同。非贸易用途下进行外汇兑换，每人每次可兑换的最高额度为 2500 欧元，个人汇出外汇上限为每次 2000 欧元额度。贸易用途下进行外汇兑换，需要在科摩罗注册公司并说明汇出外汇的理由，汇出金额超过 100 万欧元时，需要科摩罗中央银行的审批。

科摩罗中央银行 2017 年 11 月公布的最新数据显示，科摩罗每 10 万

---

① 最新汇率以科摩罗中央银行（http：//www. banque – comores. km/）为准。

居民中，仅有 0.12% 通过分行转账，0.04% 通过柜台转账，0.02% 利用各种付款终端转账，1.85% 使用银行卡付款。微型金融方面，科摩罗仅有 7.6% 的人口拥有银行账户，平均约每 10 万人拥有 5 台自动取款机（见图4－5）。

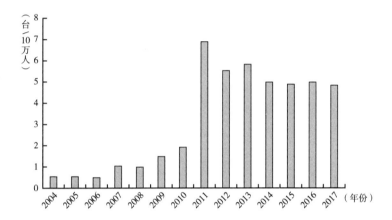

图 4－5　2004～2017 年科摩罗自动取款机分布密度

数据来源：科摩罗中央银行。

三　银行体系

科摩罗银行体系主要由科摩罗中央银行（Banque Centrale des Comores）、科摩罗工商银行（Banque pour l'Industrie et le Commerce）、科摩罗发展银行（Banque de Développement des Comores）、科摩罗联邦银行（Banque Fédérale de Commerce）以及科摩罗进出口银行（Exim Bank Comores Ltd）5 所银行构成，总部均设在首都莫罗尼。

科摩罗中央银行成立于1981 年，在莫罗尼、穆察穆杜及丰波尼设有三个分行。科摩罗工商银行成立于1990 年，注册资本 600 万法郎，曾经是巴黎国际银行的附属银行。科摩罗发展银行成立于1982 年，主要为小型和中型开发项目提供支持，其大部分股份由科摩罗政府和科摩罗中央银行持有，其余由欧洲投资银行和经济合作中央银行（法国政府辖下的发展机构）持有。科摩罗联邦银行由海湾国家投资，是科摩罗主要的金融服务机构之一。科摩罗进出口银行隶属于坦桑尼亚进出口银行（Exim Bank Tanzania）。

四 金融政策与法规

科摩罗对金融业监管的法律主要有《银行法》、《投资法》、《非洲统一公司法》、《反恐怖主义投资法》和《反洗钱法》。根据《投资法》的相关规定，外国人及本国人享受同等待遇。《银行法》允许在科摩罗开设以下两种机构：①金融机构（特指开设银行），注册资金不得少于10亿科摩罗法郎；②非金融机构（特指小型金融机构），注册资金不得少于5亿科摩罗法郎。

金融机构是受监管的部门，欲对科金融业进行投资，需提前到当地主管部门办理审批手续。其主要的监管部门包括：科摩罗财政、预算和银行业部（外国投资者须与科摩罗财政、预算和银行业部签订机构成立契约）；科摩罗中央银行（对金融机构进行监管）；科摩罗投资促进署（ANPI，主要负责为新设金融机构发放营业执照）。科摩罗中央银行对银行进行监管，税务局对某些金融产品收取一定的税费。根据《投资法》的相关规定，在科摩罗设立的外国银行可享受7~10年免除关税及其他税收的优惠政策。

根据科摩罗《投资法》第07-0010/AU号令，无论是本国人还是外国人，均可在科摩罗自由投资，并享受平等待遇。根据科摩罗相关法律，在投资活动中，外国投资者与本国投资者享有平等的权利，在机构组建或参股过程中，不得对外国投资者设置限额。总之，外国投资者无论投资金融领域还是其他领域，均享有与本国投资者一样的权利。

在科摩罗开办企业，需要准备以下材料：企业法人副本1份或者企业法人计划书，集团内部机构设置图，企业高管、主要部门负责人简历，与合作伙伴签署或准备签署的合同副本1份，企业未来3年资本流动预估报告，资产负债评估表，与客户签署的合同范本，企业未来3年资产负债预估表及收入预估表，企业自然人审核的近3年资产负债表及收入明细，查账员提交的声明等。申请材料须经科摩罗中央银行董事会（每年举行4次会议）审批。

在科摩罗开设金融机构需要提供以下申请材料：管理章程 1 份，可行性研究报告 1 份，3 年商业活动计划书 1 份，总经理简历 1 份，注册资金证明（开设银行须提供不低于 10 亿科摩罗法郎 1 份，开设小型金融机构不低于 5 亿科摩罗法郎）1 份，由科摩罗财政、预算和银行业部部长签署的成立契约 1 份，查账员提交的声明 1 份，外国银行推荐函 1 份。材料备齐后，须向科摩罗中央银行董事会提交上述材料，以便获得批准。

在科摩罗投资保险业，须获得科摩罗财政、预算和银行业部的特别授权。申请者需要提供以下材料：保险公司活动策划书 1 份，企业大会会议纪要 1 份，企业合法契约书复印件 1 份，资本自由流动证明 1 份，企业法人证书 1 份，企业主要负责人名单及其大学文凭和在经济、金融、贸易或法律领域至少 5 年任职资格证明 1 份，保险公司成立后策划的前 3 场活动计划书 1 份。

第七节 对外贸易

一 出口贸易

科摩罗的主要出口产品包括香草、依兰精油、丁香和椰肉等。科摩罗是世界上主要的依兰精油生产国。依兰精油可用作制造香水和肥皂，同时是深受女性欢迎的香奈儿 5 号香水的主要成分之一。科摩罗还是世界上仅次于马达加斯加的第二大香草生产国。此外，丁香也是科摩罗重要的经济作物。

受全球市场需求和自然灾害（比如飓风）的影响，依兰精油、香草和丁香的产量波动很大，创汇收入不稳定，直接影响到科摩罗政府的财政预算与支出。欧洲联盟委员会制定了稳定出口收入制度，向科摩罗和其他发展中国家提供援助性补贴，以减轻出口商品价格波动的影响。

20 世纪 90 年代初，由于香草面临来自合成香料的激烈竞争，部分香水使用者开始厌倦依兰精油的香味，香草和依兰精油的出口面临严重挑战。80 年代后期，饮食消费习惯出现改变，从椰子油转向棕榈油，椰子油出口大幅下滑，而且曾经是科摩罗重要贸易品的椰干（用于榨取椰子油的干椰子肉）的出口也出现下滑。丁香的生产和收入在90年代初期也经历波动。

根据非洲开发银行2019年最新数据，2017年科摩罗主要贸易伙伴占其出口总额的比例如下：法国36.5%、印度12.2%、德国8.2%、巴基斯坦6.3%、瑞士5.8%、韩国4.7%、俄罗斯4.3%。而实际上，受国际香料市场的波动影响，不同国家占科摩罗出口总额的比例会有较大波动，但法国基本上一直占相当大比例的出口份额。2019年科摩罗商品出口总额为0.52亿美元，占该年科摩罗GDP的4.4%。

二　进口贸易

科摩罗进口商品绝大部分为日用品和食品。据非洲开发银行近十几年的统计，日用品和食品大约分别占进口总额的60%和40%。由于科摩罗无相关生产企业，国内所需的大多数日用品无法生产，进口的日用品也大多为满足基本生活所需，有的商店里面甚至还在销售20世纪90年代的老式电视机。

科摩罗国内所需的肉类和蔬菜等食品几乎全部依靠进口，大米则占进口总额的三成。据非洲开发银行的报告，科摩罗日常饮食中谷物大约占到每日膳食的四成，食用油在日常饮食中的比例在过去20年中逐渐增加。虽然科摩罗是群岛国家，但海鲜在日常饮食中所占比重很低，这主要因为科摩罗渔业捕捞技术和保鲜技术落后。

欧洲发展基金、国际农业发展基金、世界粮食计划署、阿拉伯非洲经济发展银行、联合国粮食和农业组织，以及法国和美国政府等均先后启动援助科摩罗农村发展的计划，力图减少该国对进口食品的依赖，特别是对进口大米的依赖。但直到今日，科摩罗的粮食仍然主要依靠从马达加斯加和法国等国进口。根据科摩罗中央银行的统计，自2012年以来，科摩罗每年大米的进口量约为5万吨，面粉的进口量约为1万吨。

据非洲开发银行2019年数据，2017年主要进口国占科摩罗进口总额的比例分别为：阿联酋32.8%、法国17.3%、中国13.2%、马达加斯加6.1%、巴基斯坦4.5%、印度4.3%。这些主要进口国占科摩罗进口总额的比例相对稳定。

　　非洲开发银行提供的科摩罗商品进出口数据显示，科摩罗进口商品总额远超过其出口总额（见图4–6）。该国每年的进口商品总额总体相对稳定，而每年的出口商品总额则波动很大，这是因为该国每年出口的少数几种经济作物都会受到自身收成和国际市场波动的影响。

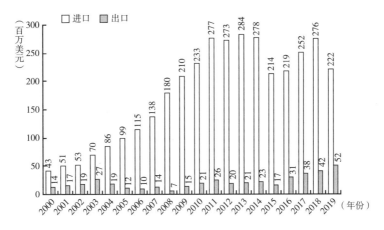

图4–6　2000～2019年科摩罗进出口贸易额

数据来源：非洲开发银行。

第五章

社　会

第一节　国民生活

科摩罗是世界上最贫穷的国家之一，发展经济和提高国民生活水平是历届政府面临的严峻任务。科摩罗国民生活水平很低，根据联合国开发计划署发布的人类发展指数，科摩罗历年发展指数排名均靠后，2016 年在全球 188 个国家和地区中排第 160 位。

一　贫困人口

贫困在科摩罗全国范围内非常普遍。科摩罗经济社会发展整体水平较低，一直处于世界低收入国家行列，近几年人均 GDP 约为 700～800 美元。根据世界银行及联合国开发计划署的统计数据，2014 年科摩罗低于国家贫困线①的贫困人口占总人口的 42.4%、极度贫困②人口占总人口的 23.5%，然而，按照人均消费 1.9 美元/天的国际贫困线，只有约 20% 的科摩罗人被列入贫困人口。2014 年多维贫困③人口占 38.1%。科摩罗贫困人口在地理分布上呈现不均衡的特点，贫困人口主要分布于农村，贫困家庭普遍养育子女较多、受教育程度低（见表 5-1、表 5-2）。

---

① 2014 年科摩罗国家贫困线为人均消费 25341 科摩罗法郎/月。
② 2014 年科摩罗国家极度贫困线为人均摄入营养 2200 千卡/天。
③ 多维贫困指标包括教育、住房、获得基本服务（水、电、卫生设施）、消费、拥有资产 5 个主要维度 13 项具体指标。若以上指标条件存在缺陷或缺失达到 30%，则被列入多维贫困范围。

科摩罗

表5-1 科摩罗农村、城市贫困率

单位：%

区域	贫困发生率	极度贫困发生率	贫困人口分布率
农村	49.9	29	70.8
城市	31	16	29.2

资料来源：世界银行2017年4月发布的《科摩罗贫困评估报告》，由EESIC（Enquête sur l'Emploi, le Secteur Informel et la Consommation）机构2014年统计。

表5-2 按家庭特征统计的科摩罗贫困发生率

单位：%

按家庭子女数量统计（子女均为14岁以下）				
0个	1个	2个	3~4个	5个
17.2	25.9	34.7	52.3	69.5
按家庭受教育程度统计				
未受过教育	小学教育	初中教育	高中教育	高等教育
50.3	45.9	33.4	25.1	17.3
按家庭就业行业统计				
农业	工业	贸易	服务业	
50.8	34.2	39.1	28	

资料来源：世界银行2017年4月发布的《科摩罗贫困评估报告》，由EESIC（Enquête sur l'Emploi, le Secteur Informel et la Consommation）机构2014年统计。

　　减贫是科摩罗政府面临的最主要挑战之一。科摩罗曾多次制定减贫与经济增长战略，大力发展旅游、农业和渔业，增加就业，改善基础设施，加强社会治理和公共服务，重点加强医疗和教育，重视环境保护，通过多种举措保持经济稳定增长和可持续发展。科摩罗在2014年制定的《2015~2019年促增长和可持续发展战略》中，计划将贫困率从2004年的44.8%降至2019年的21%，2040年再低于10%。从2014年的贫困人口率来看，科摩罗实现这一目标难度较大。

　　虽然减贫困难重重，但随着国家基础设施建设的开展和基本生活条件的改善，农村和城市地区的多维贫困情况有所好转，主要包括教育、住房、卫生设施、通信、交通等条件的改善，但饮用水源的治理情况仍不理想（见表5-3）。

表5-3 1990~2015年部分年份科摩罗部分多维贫困指标改善情况

单位：%

改善住房条件的家庭比例			
年份	改善屋顶材料	改善墙体材料	改善地板材料
2004	78	41	65
2014	95	50	73
使用未经改善饮用水源的家庭比例①			
年份	全国	农村	城市
2004	38	47	16
2012	29	37	12
2014	41	48	33
使用自来水的家庭比例			
年份	全国	农村	城市
2004	30	21	50
2012	38	29	56
2014	38	36	41
使用公共安全用水的家庭比例			
年份	全国	农村	城市
2004	32	31	33
2012	34	35	31
2014	21	16	26
使用现代厕所的家庭比例			
年份	全国	农村	城市
2004	9	7	15
2014	18	9	26
全国拥有现代化家电的家庭比例			
年份	电话	电视机	大家电(冰箱、冰柜、洗衣机等)	小家电(DVD、空调、缝纫机、电脑等)
2004	14.0	27.9	18.7	35.3
2014	75.4	57.8	31.2	55.8

---

① 根据世界卫生组织的定义,已经改善饮用水源包括管道、公共水龙头和受保护的水井,未经改善饮用水源包括未经保护的水井、泉水、地表水(河流、湖泊、池塘、溪流、运河、灌溉渠等)、带小水箱的罐车或推车。水井和泉水由于受保护情况未知,在本表数据中均被列入未经保护水源。

续表

全国拥有交通工具的家庭比例			
年份	自行车	摩托车	汽车	至少拥有以上一种交通工具
2004	3.0	2.0	7.0	9.9
2014	2.0	5.0	10.0	14.3

农村获得电力人口比例			
1990 年	2000 年	2010 年	2015 年
3.0	29.9	56.0	69.5

资料来源：世界银行2017年4月发布的《科摩罗贫困评估报告》，由EESIC（Enquête sur l'Emploi, le Secteur Informel et la Consommation）机构2014年统计。其中"农村获得电力人口比例"数据来源于联合国开发计划署《人类发展报告》。

二 就业

科摩罗经济规模小，基础设施薄弱，国际投资规模小，国内的就业机会少。根据世界银行发布的2014年统计数据，科摩罗大多数人都在私营部门中就业，占就业人口的73%，在公共行政部门就业的人口占比为15%。

科摩罗的失业率近年大幅上升，因产业结构不同，各岛失业率差异较大（见表5-4）。

表5-4 2004年和2014年科摩罗失业率对比

单位：%

年份	全国	昂儒昂岛	莫埃利岛	大科摩罗岛
2004	5.4	3.0	4.1	8.2
2014	8.1	10.5	9.5	6.6

资料来源：世界银行2017年4月发布的《科摩罗贫困评估报告》，由EESIC（Enquête sur l'Emploi, le Secteur Informel et la Consommation）机构2014年统计。

科摩罗劳动人口的平均年龄为40岁，中青年占多数。劳动力呈现参与率低的特点，在非洲各国中处于最低水平。科摩罗15岁以上工作年龄人口占总人口的 60% 左右，其中只有 45% 为活跃劳动力（见表 5-5）。据统计资料，在校学生在非活跃劳动力中占比最大，达到 42.2%，家庭妇女占 27%，其余为残障、退休或其他人员。由于宗教 及社会经济结构等原因，科摩罗劳动力参与率在性别上存在较大差异，男性为 57%、女性为 33%，女性极低的参与率拉低了该国的整体 水平。

表 5-5　科摩罗参与劳动人口各年龄段比例

单位：%

15~24 岁	25~45 岁	46~64 岁	65 岁及以上
10	56	28	6

资料来源：世界银行 2017 年 4 月发布的《科摩罗贫困评估报告》，由 EESIC（Enquête sur l'Emploi, le Secteur Informel et la Consommation）机构 2014 年统计。

近年来，科摩罗劳动力的受教育程度有所改善，2004 年约 50% 的劳 动力人口从未上过学，只有 8% 的人受过高等教育，2014 年这两项数据分 别为 40% 和 18%（见表 5-6）。科摩罗在教育方面的数据优于撒哈拉以 南非洲国家。但整体上看，劳动力受教育程度仍然普遍较低，其中女性受 教育的情况不容乐观。大科摩罗、昂儒昂、莫埃利三个岛屿的劳动力受教 育水平差异较大，在很大程度上源于各岛在行业类型和生产方式上的差 异。科摩罗各行业从业人员的受教育水平差异也较大，从未受过教育的和 接受过初级教育的劳动力绝大部分在农业部门就业；接受中级教育的劳动 力平均分布在工业、贸易和服务业；接受过高等教育的劳动力主要集中在 服务业，其次为贸易行业。

科摩罗就业工作由青年、就业、工作、培训、职业规划、体育、艺术 和文化部主管，迄今还没有关于最低工资标准和岗位工资标准的法律规 定，从事一般性工作的劳动力较为充足，但需要特殊技能的工种，如瓦 工、电工、水工、油漆工等技术工人短缺。科摩罗的技术工人薪酬相对较 高，月薪一般为 200~250 美元。外籍劳工主要是来自马达加斯加的技术工人。科摩罗政府欢迎国际投资和外籍技术人员就业，并提供便捷服务和一定的优惠政策。

表 5 – 6 2014 年科摩罗劳动力受教育情况

单位：%

	未受教育	小学教育	中等教育	高等教育
整体	40	23	19	18
男性	36	26	20	18
女性	47	18	18	18

资料来源：世界银行 2017 年 4 月发布的《科摩罗贫困评估报告》，由 EESIC（Enquête sur l'Emploi，le Secteur Informel et la Consommation）机构 2014 年统计。

三 移民

科摩罗地处西印度洋交通枢纽，具有悠久的移民历史和传统。科摩罗民族自身就是由多民族的移民融合形成的，科摩罗人自古以来，就有对外贸易移民到东非、马达加斯加和阿拉伯半岛的传统。在 20 世纪 50 年代，由于岛屿种植园经济的发展，三岛民众曾大规模前往马约特岛和留尼汪岛做雇佣工人。在法国殖民统治期间，大量科摩罗人在第二次世界大战以后开始移民法国，1975 年独立后流入巴黎、马赛等法国主要城市的人口增多，20 世纪 80 年代中期移民达到顶峰。近 30 年来，法国和马约特岛一直稳居科摩罗人移民目的地的前两名。科摩罗国内工资水平低以及不稳定的政治环境构成了移民的主要驱动因素，科摩罗平均工资仅为马约特岛最低工资的 1/3、法国最低工资的 1/10。此外，移居马达加斯加的科摩罗人占移民总数约 10%，另有约 7% 移居利比亚、留尼汪岛、埃及、坦桑尼亚、加拿大和厄立特里亚。

科摩罗是非洲最大的移民输出国之一，目前全国总人口中约有 15% 居住在国外。根据联合国人口司的统计，自 20 世纪 90 年代以来，科摩罗移民人数和移民率均快速增长，2015 年的移民人数是 1990 年的近 3 倍（见表 5 – 7），2013 年的移民率是 2000 年的 3 倍多（见表 5 – 8），移民人数增长速度超过了本国人口增长速度。2005 年以前，科摩罗移民中男性占多数，但从 2010 年开始这种趋势已经逆转，女性移民逐渐多于男性移民，尤其是受过教育的中青年女性移民群体逐渐壮大。

表 5 - 7　1990 ~ 2015 年部分年份科摩罗移民人数

单位：人

	1990	1995	2000	2005	2010	2015
总人数	40076	51284	70493	96141	108553	116516
男性	22058	27865	36952	49833	53961	56740
女性	18018	23419	33541	46308	54592	59776

资料来源：世界银行 2017 年 4 月发布的《科摩罗贫困评估报告》，由联合国人口司经济和社会事务部统计。

表 5 - 8　2000 ~ 2013 年部分年份科摩罗移民率

单位：%

2000	2005	2010	2013
4.4	4.8	5.6	14.8

资料来源：世界银行 2017 年 4 月发布的《科摩罗贫困评估报告》，来源于 Migration and Remittances Factbook 2008、2011、2016。

大多数科摩罗移民受教育程度较低，在国外只能从事初级非技术职业，约 30% 的移民从事街头摊贩、清洁工、信使、搬运工、门卫等工作，约 21% 从事旅游、家政、餐馆、个人护理等行业的服务和销售工作，约 12% 的移民做建筑工人。

庞大的移民群体给科摩罗带来了巨额海外汇款，侨汇构成该国最重要的外汇来源。近年来移民汇款额逐年增长，其中大部分汇款流向大科摩罗岛。据科摩罗央行的统计数据，2015 年的海外汇款额为 6150 万美元，但据世界银行的数据，汇款额则达到 1.29 亿美元，是科摩罗官方数据的 2 倍多（见表 5 - 9），主要原因是世界银行加入了大量估算的非正式汇款。

表 5 – 9　　2005 ~ 2015 年科摩罗海外汇款额

单位：百万美元

世界银行发布										
2005	2006	2007	2008	2009	2010	2011	2012	2013	2014	2015
54	63	74	101	100	87	108	110	116	126	129
科摩罗央行发布										
2005	2006	2007	2008	2009	2010	2011	2012	2013	2014	2015
13.7	17.1	20.2	21.9	27.1	30.4	38.4	45.2	47.6	55.5	61.5

与大规模的移民输出相比，其他国家移居科摩罗的人数要少得多。据估算，移居科摩罗的人数约 1.3 万人，占总人口的 1.7%。其中 77% 来自马达加斯加，7% 来自马约特岛，还有一部分移民是印度的商人和承包工程的外国人等。

四　社会保障

科摩罗政府财政极度困窘，基本依靠国际援助维持运转，国家的社会保障和福利供给极其有限，社保覆盖率低，几乎没有医保体系。根据世界银行数据，2012 年科摩罗社会保险仅覆盖政府部门、军队等极少部分人口，私人健康保险覆盖率约占总人口的 3%；退休金主要来自公共养老金，仅覆盖 65 岁以上人口的 10%；在大科摩罗岛，针对职工职业病和工伤事故的保险基金仅覆盖总人口的 6%；健康卫生互助基金仅覆盖总人口的 3.3%。

科摩罗各年龄段人口普遍存在社会保障缺失的问题。据世界银行的统计，在 5 岁以下的儿童中，约 30% 患有慢性营养不良和发育迟缓。受到各种因素影响，针对营养不良的各项计划难以推进，传染病和腹泻是影响贫困儿童的主要疾病，但患病儿童无法获得免费医疗服务。6 ~ 14 岁的儿童也存在营养不良的问题，该年龄段儿童的留级和辍学率很高，禁止雇用童工的举措无法有效落实。15 ~ 24 岁的年轻人就业不足，失业率居高不下。育龄妇女能够获得一些卫生服务，但贫困人口因无法承担高昂的医疗费用而被拒之门外。政府也没有专门救助残疾人、老人等特殊群体的社会服务。

目前，科摩罗政府已出台一系列政策和措施，旨在保护各类群体的合法权益。在法律层面上，对于儿童和青少年群体，宪法规定"有权受公权力的保护，使其免于任何形式的遗弃、剥削和暴力"；对于劳动者群体，《劳动法》保护其参加工会的权利以及签订劳动合同、获得医疗保险的权益，规定法定劳动时间为每周 40 小时，每月休息 3 天，雇主应支付职工工资总额的 2% ~5% 作为其社会保险金；在女性劳动者的权益方面，分娩产妇享有 98 天的带薪产假。

科摩罗长期与国际组织合作推行改善民生和社区建设的项目，整体上取得了一定成效。比如在世界银行的援助下，科摩罗实施了社会保护和灾害风险管理项目，主要措施包括建设学校和保健中心、修建乡村道路、改善卫生设施以及促进社区发展等。在联合国儿童基金会和日本国际协力机构（JICA）的支持下，科摩罗各地的卫生机构建立治疗性喂养中心（Ambulatory Nutrition Recovery Centers，官方名称为动态营养恢复中心），专门治疗营养不良的儿童。2013 年，科摩罗加入国际扩大营养运动（Scaling up Nutrition），由卫生部门高级官员主导参与，协调多个部门组成营养管理临时委员会，但因资金原因未能按时启动。同时，为配合儿童营养项目的实施，提高儿童的生存率，保障儿童身心健康发展，科摩罗从国家层面制定了专门的营养政策。

为保护贫困人口等弱势群体，科摩罗政府资助农村家庭以减少幼儿和孕妇营养不良，并推出了以工代赈项目，即贫困人口参加政府举办的工程获得一定报酬，实现短期就业，从而达到救济目的。但以工代赈项目覆盖范围有限，城市贫困人口不在参加之列，发挥的作用非常有限。

五 物价水平

科摩罗消费水平较低，国内消费仅占 GDP 的 16%，消费品主要是基本生活用品和食品。科摩罗物资匮乏，粮油、肉制品及生活日用品主要靠进口，价格昂贵（见表 5-10、表 5-11）。粮食进口主要来源地为阿联酋、马达加斯加、中国、法国、阿塞拜疆、印度、日本、肯尼亚、韩国、科威特、斯里兰卡、毛里求斯、巴基斯坦、沙特阿拉伯、叙利亚、泰国、坦桑尼亚、越南等国。面粉主要从法国、阿联酋和南非进口。科摩罗的大米年产量约为 1500 吨，且近年来呈下降趋势，主要依靠从巴基斯坦、阿联酋和法国进口大米维持国内消费。

表 5 – 10　2012～2015 年科摩罗大宗粮食进口量和进口额

单位：万吨、万欧元

年份	大米		面粉		玉米		荞麦、高粱等其他粮食	
	进口量	进口额	进口量	进口额	进口量	进口额	进口量	进口额
2012	5.66	2317	—	—	8.7	2844	0.8	1032
2013	5.18	2189	1.02	490	29.5	18000	0.1	877
2014	5.14	2417	1.13	524	18	9056	1.1	204
2015	4.2	1739	0.72	329	—	—	—	—

资料来源：中国驻科摩罗大使馆经济商务参赞处，http：//km. mofcom. gov. cn/。

表 5 – 11　2016 年科摩罗主要食品零售价格

种类	单价	种类	单价	种类	单价
大米	0.86 美元/公斤	面粉	0.86 美元/公斤	食用油	1.6 美元/升
鸡蛋	0.32 美元/个	牛肉	4.7 美元/公斤	鸡肉	2.6 美元/公斤
西红柿	2.2 美元/公斤	圆白菜	2.2 美元/公斤	葱头	2.8 美元/公斤
土豆	2.2 美元/公斤	法式面包棍	150 科摩罗法郎/根		

资料来源：中国驻科摩罗大使馆经济商务参赞处，http：//km. mofcom. gov. cn/。

科摩罗国家水电公司负责全国水电的供应。水电基础设施落后，水电供应严重不足，有些地方未建输电线路。市政供水按水表计数收费。科摩罗的居民用水、煤气、柴油、汽油价格相对中国城市更高，用电尤其昂贵，几乎是中国居民用电价格的 3 倍（见表 5 – 12）。

在地产租赁方面，土地年租金约 20～200 美元/平方米，科摩罗 300 平米左右的优质房屋月租金约为 2000 美元，首都莫罗尼土地购买价格约 350～700 美元/平方米。

表 5-12　2016 年科摩罗水、电、气、油价格

种类	单价	种类	单价	种类	单价
市政供水	0.47 美元/立方米	市场购水	17.1 美元/吨	电	0.28 美元/度
煤气	27.6 美元/罐（9 公斤）	柴油	0.96 美元/升	汽油	1.28 美元/升

资料来源：中国驻科摩罗大使馆经济商务参赞处，http：//km. mofcom. gov. cn/。

第二节　社会治理

一　社会规范

科摩罗由内政、权力下放、领土管理兼协调国家机构关系部，司法、伊斯兰事务、公共行政、人权事务、公正透明及公共管理部，卫生、团结、社会保障及促进性别平等部等多个中央职能部门协同分工进行社会管理。科摩罗通过宪法对社会基本秩序做出规范，倡导建立法治、平等、公正、道德的美好社会。宪法规定，建立法治、民主和善政为基础的新制度，公民不论性别、出身、种族、宗教、信仰，在权利与义务方面一律平等，保障每个人的自由与安全，保障公民获取多元信息的权利，保障新闻自由，公民享有表达、集会、结社的自由，但同时需要尊重公共道德和公共秩序。除《宪法》外，科摩罗还颁布了《劳动法》《卫生法》《环境法》等法规，对社会的各个方面予以规范。

伊斯兰教是科摩罗的国教，据美国中情局世界概况 2018 年的统计，约 98% 的科摩罗人信奉逊尼派伊斯兰教，什叶派伊斯兰教、天主教和新教等信众占总人口的 2%。科摩罗人在家庭生活、社交礼仪等方方面面都遵从伊斯兰教的规范，青少年时期便在伊斯兰学校和希里姆（hirimu）传统社团进行系统学习。科摩罗人严格遵守伊斯兰教传统，每日祷告和练习，斋月禁食。男孩和女孩成年时（没有年龄规定，父母认定即可），必须在公开场合下行"割礼"，"割礼"之后才能婚配。

科摩罗的许多古老传统延续至今，成为现代社会规范的重要补充。在

家庭关系中，科摩罗保留了母系血统制，该制度的遗产继承规则为女性提供了生存保障。科摩罗允许一夫多妻制，成年男性最多可娶4位妻子。一个大家庭会分裂成以母亲为核心的几个小家庭，父亲一般会与最后一位妻子生活，前面几位妻子会与亲生子女组成独立的小家庭。家庭成员的血统按母系传递，土地、住房等不动产（Manyahuli，意为不可分割的家庭土地）传给家庭中的女性后裔。当女儿结婚时，都会得到父母给予的一所房子和一块耕地。按照伊斯兰教的规定，男性可获得家庭遗产的2/3，女性可获得1/3，但科摩罗的情况有所不同，家庭遗产通常情况下由女性继承，这主要是考虑到男性的谋生能力一般较女性更强。通过这种财产分配方式，女性在自立门户或养育子女时能够获得基本的物质保障。母系血统制在各岛情况不一，大科摩罗岛较为典型，女性在家庭中地位很高，妇女可以参与组织大型传统节日和乡村社区工作，享有很高威望。科摩罗颇具特色的大婚传统也得到了保留，成年男性必须举行奢侈的大婚婚庆活动，才能提高社会地位，获得广泛尊重，进入名人显贵行列，步入上层社会。

在乡村社会体系中，科摩罗的民间传统组织非常活跃，在协调社会关系方面发挥着不可替代的作用，比如有声望的长者们组成的智者团（Collègedes Sages），调解各种矛盾和争端。乡村社团承担了大量的捐赠、医疗互助、基础设施建设等公益或公共服务工作，部分弥补了科摩罗基层行政管理的不足。

二　社会治安

科摩罗民风淳朴，民众热爱生活、安分守己。虽然科摩罗的经济社会发展水平低下，但是民众的生活满意度指数较高。科摩罗总体治安状况较好，政府禁止私人持有枪支，刑事案件极少发生，几乎没有抢劫、凶杀等恶性事件和恐怖活动发生。据联合国毒品和犯罪问题办事处（UNODC）和《人类发展报告》统计，2015年科摩罗共发生谋杀案件60起，比率为7.6/10万；监狱人口比率为31/10万；女性自杀率为10.3/10万，男性自杀率为24/10万。但近年来科摩罗经济不景气，失业率居高不下，盗窃发案率有所上升。在人流较大或拥挤场所，时有扒窃行为出现。科摩罗经常发生政变或地方叛乱，也对社会稳定和治安管理带来不良影响。

总体上，科摩罗人对外国人较为友善，举国上下都对中国人非常友好。中国从科摩罗独立建国开始就给予了大量的援助，包括无偿援助、援建基础设施、推广灭疟项目等。科摩罗政府对中国政府一直非常信赖，将中国视为科摩罗最可信赖的朋友。很多科摩罗人都会主动对中国人说中文"你好"。如果在路上掉了东西，小孩子看到后会一路追着跑，"chinoise（中国人）"地喊着，将东西交给你。中国人在科摩罗开办企业也享有一定的免税优惠，但必须诚信经营，绝对不能偷工减料或存在欺瞒行为，否则会受到当地人的严厉抵制，严重的还会受到政府的处罚。

第三节　医疗卫生

一　发展概况

1. 独立前医疗卫生概况

在殖民地时期，法国政府向科摩罗提供医疗设备、资金和技术人员，负责公共卫生服务、流行病防治服务和大规模疫苗接种，当地政府负责各级医院、诊所和卫生站的具体运营。独立前夕，科摩罗医疗卫生条件极差，只有最基本的医疗设施。据世界银行于 2010 年发布的科摩罗经济评估报告，独立前的科摩罗每 4 万人配有 1 名医生，大科摩罗、昂儒昂和莫埃利各个岛屿都设有一个小型医院，约有 600 张病床，设备非常简陋，其中莫埃利岛的医院甚至没有合格的住院医生。农村地区约有 40 多个卫生站，每个卫生站配有 1 名医疗人员和 1 名护士。当地人的健康状况极差，人均寿命 49 岁，疟疾、结核病、麻风病、性病和寄生虫病等流行性疾病肆虐。疟疾是当地最严重的疾病，也是主要致死原因之一，约有 80% 的人口感染过疟疾寄生虫。由于饮水条件极差，当地人经常患肠道疾病。饮食中动物蛋白质普遍不足，儿童普遍营养不良。

2. 独立后医疗卫生事业的进步

科摩罗独立后，法国撤回了所有医务人员，并大幅削减医疗援助经费，而科摩罗由于缺少技术人员和资金支持，全国医疗卫生系统陷入崩溃，很长时间内没有恢复。幸运的是，独立后的科摩罗被联合国、广大非洲国家、中国等许多国际组织和友好国家迅速承认和接纳，并获得了大量援助。世界卫生组织长期在科摩罗开展医务人员培训，捐赠药品，免费提供防治艾滋病、疟疾和肺结核等疾病的药品。中国长期向科摩罗派遣医疗队，推广消灭疟疾项目。随着科法关系的缓和，科摩罗也得到了法国的大量资助。

近年来，科摩罗政府对医疗卫生事业日益重视，颁布了《公共卫生和社会行为法》和国家药品政策，对药品的生产和销售、外资企业进入医药行业的条件做了严格规定。此外，科摩罗先后制定了一批中长期发展规划，包括 2010～2015 年人力卫生资源战略发展计划、2015～2019 年国家卫生发展计划、2015～2030 年卫生战略及埃博拉预防计划、2015～2024 年国家卫生政策等。采取了一系列措施推进医疗卫生建设工作，包括增加卫生筹资，扩大基础保健服务，加强流行性疾病的预防，开发医疗卫生人力资源，发展卫生信息系统，促进医疗卫生领域的科学研究等。

目前，科摩罗的医疗卫生状况有所改善。人均预期寿命大幅提高至 63 岁以上。医务人员数量有所增长，科摩罗卫生主管部门 2012 年公布的数据显示，全国执业医务人员数量为医生 197 名、护士 338 名、助产士 238 名、牙医 27 名、药剂师 29 名、体疗和按摩师 6 名、实验室技术员 60 名、医疗图像技术员 15 名，绝大部分医务人员集中在公立医疗机构中。另据中国驻科摩罗大使馆经商参赞处 2017 年发布的数据，科摩罗每 7500 人拥有 1 名医生，每 342 人拥有 1 张病床。科摩罗的卫生保健服务覆盖率提高，全国 82% 的人口可享受基本卫生保健服务。孕婴保健技术提高，妇婴死亡率下降，孕妇产前检查覆盖率提高，科摩罗的孕产妇死亡率已远低于撒哈拉以南国家的平均死亡率。但婴儿疫苗接种比例仍然很低。卫生设施逐步改善并加大推广力度，惠及人口从 1990 年的 17% 上升到 2008 年的 36%。80% 的家庭使用蚊帐。部分流行性疾病得到控制，尤其是消灭疟疾取得了重大进展。疟疾发病率、疟疾病例死亡率在最近十几年来均显著下降，结核病发病率、艾滋病毒感染率基本维持不变，均低于全球平均水平（见表 5 - 13）。由于生活方式的改变，科摩罗人的心血管疾病、糖尿病和癌症等非传染性疾病病例占比增多。

表 5 - 13　1990～2015 年部分年份科摩罗医疗卫生数据

年份	1990 年	2000 年	2010 年	2015 年
预期寿命（岁）	56.7	—	—	63.5
疟疾发病率（每 1000 人）	—	—	71.8	2.3
结核病发病率（每 10 万人）	—	39	33	35
15～49 岁艾滋病毒感染率（%）	0.1	0.1	0.1	0.1
由熟练的保健人员接生的比例（%）	—	61.8	—	82.2
产前保健覆盖率（%）	—	74.3	—	92.1
孕产妇死亡率（每 10 万人）	635	499	388	335
婴儿死亡率（每 1000 名活产婴儿）	88.3	73.8	64.5	56.5
未接种第一剂白喉、百日咳和破伤风疫苗的婴儿比例（%）	3	15	19	4
未接种第一剂麻疹疫苗的婴儿比例（%）	13	30	28	10

资料来源：联合国开发计划署 2019 年《人类发展报告》。

3. 面临的问题

作为非洲最不发达的国家之一，科摩罗整体医疗卫生情况仍然面临许多问题。医护工作者数量不足，公立医院运营管理不善，且缺乏基本的医疗设备和药品。虽然当地医生大多从国外学成归国，但受医疗条件的限制，医生缺乏配套的医疗器械及医疗规范。多数医生除在公立医院就职外，开设了私人诊所，私人诊所成为当地医生的主要收入来源。公立医院经费紧张，且医生在其私人诊所的收入远高于公立医院，因此医护人员工作积极性不高，时有罢工情况出现。

科摩罗无正规的医药制造企业，国内药物品种不全，药品和耗材全部从法国、荷兰、丹麦、毛里求斯和马达加斯加等地进口。医疗技术落后，重大疾病需要到邻国或法国治疗。没有高覆盖的医保体系，广大贫困人口无力承受价格昂贵的医疗费用。医疗主管部门缺乏管理经验，公立医院大多经营不善。

因特殊的地理气候环境，科摩罗发生传染病的概率较高，多种流行性疾病并未得到完全控制。据《对外投资合作国别（地区）指南：科摩罗（2019年版）》统计，近年来科摩罗主要的传染病有：①疟疾。科摩罗曾为疟疾高发区，全年流行。在中国政府的支持下，科摩罗三岛实施了"快速灭疟"项目，逐渐从控制阶段进入消除阶段。②霍乱。每年流行4~6个月，一般在城镇人口集中地区流行，由于医疗条件差，霍乱流行期难以及时接收病人入院治疗。③肝炎。主要流行乙型肝炎，全年流行，发病率为6%。④登革热。雨季流行，主要发病区在乡村，发病率为10%，死亡率较高。⑤丝虫病。全年流行，当地居民发病率为8%~10%。⑥胃肠道寄生虫病。因生活条件和卫生条件差，当地居民多患此病，较难治愈。

二 医疗卫生机构

科摩罗医疗卫生事务由卫生、团结、社会保障及促进性别平等部主管，下设公共卫生总监察局、公共卫生总局、国家保健培训和研究中心（CNFRSP）、国家独立药房（PNAC）等。公共卫生总监察局承担卫生系统的检查、评估、监督职责。公共卫生总局下设卫生教育行动局、家庭保健局、传染病防治和管理局、医院和卫生组织管理局、实验室和药房管理局，负责执行国家医疗卫生政策。国家保健培训和研究中心（1993年之前为公立卫生学院）是独立的公共教育和研究机构，具有法人资格、行政和财务自主权，负责全国医疗卫生系统人员的培训并开展科学研究。科摩罗国家独立药房，享有行政和财政上的自主权，承担全国的基本药物供应、销售和制药培训，可独立生产少量基本药品，在全国开有连锁店。此外，科摩罗还设有国家医疗卫生咨询机构、生物医学实验室和输血中心。

每个自治岛屿各设一个岛屿卫生局，隶属于该岛最高行政长官，负责管理该岛医疗卫生事务。各岛分设为几个大的卫生区域进行管辖，各建有一个位于首府的代表该岛最高医疗水平的公立综合性中心医院，以及一批一般性综合医院和地区医疗中心（见表5-14）。大科摩罗岛的最大公立医院是埃尔马鲁夫医院，该医院现有床位339张，政府计划将其扩建成一所占地4万平方米，拥有10个手术室和600张床位，价值约200亿科摩罗法郎并与国际标准接轨的新型医院。扩建工程已于 2017 年启动。根据中国驻科摩罗大使馆 2017 年公布的数据，昂儒昂岛的最大医院为洪波医院，占地面积约 1 万平方米，床位 91 张，年就诊患者约 4 万人次。该医院在职医生约 20 人，护士及助理等护理人员约 50 人。患者主要来自洪波区、穆察穆杜区和瓦尼区等邻近的市区，可辐射周边约 10 万人口。卡塔尔在洪波医院旁援建了一所新医院，占地面积约 8000 平方米，尚未完工。莫埃利岛最大公立医院为丰波尼医院。

表 5 - 14　2017 年科摩罗各岛医疗机构数据

单位：所、张

岛屿	综合医院	地区医疗中心	床位
大科摩罗岛	13	25	617
昂儒昂岛	8	17	290
莫埃利岛	5	5	126

资料来源：中国驻科摩罗大使馆经济商务参赞处，http：//km. mofcom. gov. cn/。

在乡村一级，医疗卫生服务由社区卫生站和诊所提供，卫生站和诊所由非营利性质的乡村发展委员会和国家卫生主管部门共同管理。

第四节　环境保护

一　主要环境问题

作为一个以农业为主的国家，科摩罗工业污染少，地理环境独特，但海岛生态环境较为脆弱，很容易受到热带风暴、海平面上升、火山爆发、地震和山体滑坡等自然灾害的影响。根据世界银行 2005 年发布的评估数据，科摩罗一半以上的国土面积和人口面临严峻的自然灾害风险。随着国内人口剧增，资源不当开采，海洋遭受侵蚀和污染，海岛生物多样性受到威胁，科摩罗的环境压力日益突出，面临可持续发展的巨大挑战。

1. 森林过度砍伐

科摩罗森林植被的物种特有性极高，主要有山榄科（Sapotaceae）、柿树科（Ebenaceae）、茜草科（Rubiaceae）、桃金娘科（Myrtaceae）、藤黄科（Clusiaceae）、樟科（Lauraceae）、橄榄科（Burseraceae）、大戟科（Euphorbiaceae）、梧桐科（Sterculiaceae）、山楂科（Pittoscoraceae）、卫矛科（Celastraceae）等。森林植被的破坏是西印度洋群岛地区共同面临的问题。受自然灾害，长期烧山耕垦，以及生产木炭过度砍伐等因素的影响，科摩罗的森林面积已从 20 世纪 90 年代的 25% 下降到现在的不足20%。据科摩罗民间公益组织 Dahari 的资料，森林过度砍伐，对科摩罗的生态人居环境构成威胁，主要包括：①威胁森林生态系统的生物多样性。世界自然保护联盟数据显示，科摩罗 2018 年濒临灭绝的动物达到 39种，其中依赖森林生态系统生存的鸟类、哺乳动物和植物达到 28 种。②威胁珊瑚礁生态。科摩罗岛屿土层较薄，没有森林的保护，陆地尤其是坡地土壤极易受到侵蚀流向海岸，淤塞岛屿周围的珊瑚礁，对珊瑚礁及其生态系统中的鱼类生长环境均造成破坏。③失去抵御自然灾害的天然屏障，洪水、山体滑坡和强烈的季风更容易对田地、村庄和基础设施造成破坏。④影响降雨和淡水供应。森林对岛屿降雨的调节作用和地表的蓄水功能减弱，不利于岛屿河流的形成，加剧了本就严峻的居民用水困难。据当地人观察，在 20 世纪后半叶昂儒昂岛的永久河流数量已从最初的 50 多条减少到不到 10 条。⑤依赖森林生长的传统药物来源减少。

2. 坡耕地水土流失

科摩罗一直存在土地资源紧张和耕地不足的问题。在殖民地时期，山坡下较为平整、肥沃的土地被法国殖民公司占有，广大农民尤其是贫民迫于生计，不得不在陡峭的山坡上种植作物。由于法国政府不允许砍伐森林，科摩罗农民开发了一种对森林影响较小的农林业混合种植的模式，即采用长期轮作方式，在林下种植香蕉和芋头等作物。随着科摩罗人口快速增长，粮食压力逐年增加，山坡被大量开垦耕种，传统的轮作时间变得更短，耕作过程中缺乏休耕期，粮食作物非常耗费土壤营养，导致土壤有机成分迅速下降，肥力退化。同时，科摩罗的农耕方式较为原始、粗放，坡耕地没有建造通风透光条件较好、利于作物生长和营养物质积累的梯田，导致水土流失和土壤侵蚀加剧。

3. 垃圾、废水处理落后

科摩罗垃圾的管理和处置比较落后，虽然政府明文规定了垃圾的堆放和填埋方式，但在房屋之间和沼泽地随意倾倒垃圾的现象时有发生。随着城市化进程的加快，垃圾填埋场迅速扩张，却缺乏相应规范的管理和垃圾分类。科摩罗的废物管理形势已经非常严峻，全国范围内没有建立有效的水质监控机制，废水处理不成体系，城市下水道和污水处理设施极为缺乏，加上生活垃圾对水的污染，特别是一些废弃容器的不规范处理，极易积存雨水，成为滋生、传播疾病的昆虫温床，大大增加了疟疾、登革热等疾病感染、传播的风险。由于水质差，科摩罗腹泻的发病率很高。科摩罗曾于 1975 年、1998 年和 2001 年发生霍乱疫，其中两场疫情的发生均与卫生条件差和淡水污染有关。

4. 沿海受到侵蚀和污染

科摩罗对沿海区域缺乏有效规划和管理，现有环保法执行不到位，导致海洋受到多种侵蚀和污染。主要原因包括：①沿海居民向大海倾倒垃圾，各种污染物直接进入海洋。②为获取建筑材料，过度提取海沙、岩石和珊瑚，使海岸受到侵蚀。③科摩罗传统捕鱼方式经常使用少量氰化物等化学药剂来捕捉活鱼，或使用炸药捕捞，不仅导致附近海洋生物大量伤亡，而且增加海水浑浊度，影响珊瑚虫共生藻的光合作用，破坏珊瑚生长。④陆地环境遭受破坏，土壤和大量营养物质流入海洋，破坏珊瑚礁生态。⑤偷猎海龟等动物，影响到海洋生物的多样性。

5. 西印度洋环境退化带来不利影响

近二三十年，西印度洋地区的环境日趋退化，自然资源衰退，生物多样性明显下降。在科摩罗，海平面上升，淡水和海水之间脆弱的平衡被打破，导致海水入侵内陆远达 2 千米，岛屿供水受到威胁，全国人均水资源量已经处于国际警戒线 1700 立方米以下。据世界银行评估，2050 年科摩罗的海平面还将上升 20 厘米。科摩罗不仅存在海水倒灌问题，同时由于供水设备落后、储水设备不足以及化粪池渗漏污染地下水等因素，预计

2025 年科摩罗将成为缺水国家。① 世界海洋环保组织（OCEANA）表示，气候变化和海洋酸化所造成的食品安全问题将给小岛屿国家和沿海国家带来沉重打击。该组织根据二氧化碳排放增多、海洋温度升高以及全球海洋不断酸化的综合影响，列出了最脆弱国家的排名，科摩罗高居榜首。

二　环保政策与措施

1. 殖民地时期环保政策

法国政府于 20 世纪上半叶开始，在科摩罗颁布了一批环境保护法规。30 年代分别颁布了关于森林保护、檀香开采和保护、红树林开采和保护的法规。20 年代颁布了关于沿海地区的保护政策，1975 年重新调整后范围扩大到森林、河流、海岸线、自然遗址。关于海洋物种的保护，法国政府早在 20 年代就规范了海洋无脊椎动物的捕捞活动；在二三十年代陆续颁布法令保护鲸类和海豹；1933 年通过的《保护野生动物和植物群公约》，法国批准并宣布适用于科摩罗，提出了创建国家公园和自然保护区。在法国政府主导下，科摩罗加入了以下国际环保公约：《保护天然动植物伦敦公约》（1939 年在伦敦通过）、《国际捕鲸管制公约》（1946 年在华盛顿通过）、《国际防止海洋油污染公约》（1954 年在伦敦通过）、《大陆架公约》（1958 年在日内瓦通过）等。

2. 目前环保政策和措施

科摩罗在联盟政府一级设立了环境总局（DGE）、国家可持续发展协调委员会（CNCD）、部际环境咨询委员会（CICE）、农业研究与发展研究所（IRDA）、国家渔业和环境应用研究所（INRAPE），在各自治岛屿一级设有环保局作为环境管理和保护的政府机构。民间环保组织主要有1990 年以来在各岛村庄成立的志愿组织——"ULANGA"协会，但由于缺乏资金等原因，该组织发挥的作用极为有限；还有 1991 年在莫埃利岛成立的经济与环境协调发展协会（ADSEI），致力于保护海洋环境，促进生态旅游，创立了颇有影响的全民海龟节，积极开展环保宣传活动，号召

---

① 叶玮、朱丽东等：《当代非洲资源与环境》，浙江人民出版社，2013，第 345 页。

全国人民抵制盗猎、保护稀有海洋生物。

科摩罗现行环保法律依据主要为《环保法》。该法在联合国开发计划署的支持下于 1993 年开始起草，1994 年颁布。该法旨在保持科摩罗环境多样性和完整性，保持自然资源可持续发展，保障公民良好的生态环境和生活环境。该法制定了环境的评估程序、各种环境问题的预防和管理措施，尤其注意控制各类投资企业对环境产生的不良影响。

《环保法》对在科摩罗从事工业、农业和城市开发的企业均做出了严格的规定：禁止使用化学产品破坏土地资源。开办工厂要事先向环保部门报告，经审查批准后方可实施。水源和河水质量受到环保局的监管，环保局负责制定饮用水的监测标准，定期、定点提取水样化验。建立工业企业和实施农业项目开发要得到环保部门的批准。凡需排放污水、工业垃圾的企业要得到环保总局的批准，接受环保人员的检查和监督。从事农业开发的企业不能破坏水源地、河流。禁止向内河及大海排放污水，倾倒垃圾。森林和植物受到保护，禁止随意砍伐和焚烧林木。所有到科摩罗投资建厂的企业均须向科摩罗经济、投资、能源兼经济一体化、旅游、手工业部的环保局提交环境影响研究报告，只有通过评估审议后，企业才能进行下一步筹建工作。若未获通过，允许重新修订报告并再次提交（即最后一次机会），若仍未能通过，该项目将被禁止实施。开发商还必须负责对资源开发过程中遭遇破坏的植被和环境进行修复。

近年来，科摩罗专门制定了关于塑料包装的法规，禁止生产、进口、销售、随意倾倒不可生物降解的包装和塑料袋，违者将处以 3 个月至 5 年的监禁和 10 万 ~ 1000 万科摩罗法郎的罚款。

科摩罗自然保护区建设起步较晚，马约特岛自然公园、昂儒昂岛自然公园、卡尔塔拉自然公园、莫埃利岛海洋公园等自然保护区均于 21 世纪初开始建设。其中，莫埃利岛海洋公园是科摩罗的第一个海洋保护区，于 2001 年建立，占地 404 平方千米，有大量的水蚤、鲨鱼和座头鲸。昂儒昂岛自然公园于 2004 年建立。

科摩罗对动植物实施分类保护，将哺乳动物、禽类、爬行动物、鱼类、昆虫、珊瑚、植物 7 大类动植物按稀有性和濒危程度分为两类，进行区别保护（见表 5 – 15、表 5 – 16）。其中较为世人所知的珍贵物种包括腔棘鱼、绿海龟等。腔棘鱼是世界上已知最早的鱼类，于 3.77 亿年前出现，长期被认为约在 6000 万年前已灭绝，但于 1938 年在非洲南部首次捕获，1952 年在科摩罗再次捕获，以后又在这一地区捕到另外几尾。1974年科摩罗政府禁止捕获腔棘鱼。目前，南非和科摩罗已投入大量资源保护腔棘鱼及其生态系统，南非曾举办了关于保护腔棘鱼的大型国际会议，推动建立涵盖科摩罗、南非、莫桑比克、坦桑尼亚、肯尼亚海域的腔棘鱼保护区。科摩罗建立了国家腔棘鱼委员会以及民间组织腔棘鱼保护协会。

表 5 – 15　一类保护物种（稀有、濒危物种）

学名	中文译名
Pteropus livingstonii	科摩罗狐蝠
Roussettus obliviosus	小科摩罗飞狐
Dugong dugon	儒艮
Eulemur mongoz	蒙古狐猴
Cetacea	鲸目
Ardea humbloti	马岛鹭
Falco peregrinus	游隼
Circus maillardi	马达加斯加鹞
Dromas ardeola	蟹鸻
Columba polleni	科摩罗鸽
Treron griveaudi	科摩罗绿鸠
Alectroenas sganzini	科摩罗蓝鸠
Otus capnodes	烟色角鸮
Otus moheliensis	莫岛角鸮
Otus pauliani	科摩罗角鸮
Hypsipetes parviriostris	科摩罗短脚鹎
Turdus bewsheri	科摩罗鸫

续表

学名	中文译名
Humblotia flavirostris	哈氏鹟
Nesillas mariae	科摩罗薮莺
Nesillas longicaudata	安岛薮莺
Nesillas brevicaudata	戈岛薮莺
Dicrurus fuscipennis	科摩罗卷尾
Zosterops mouroniensis	科摩罗绣眼鸟
Foudia eminentissima	马岛红头织雀
Nectarina comorensis	昂儒昂花蜜鸟
Nectarina humbloti	马岛花蜜鸟
Cyanolanius comorensis	科摩罗蓝嘴鹍
Chelonia mydas	绿海龟
Eretmochelys imbricata	玳瑁
Dermochelys coriacea	棱皮龟
Oplurus cuvieri	马达加斯加刺尾鬣蜥
Latimeria chalumnae	腔棘鱼
Amauris comorana	科摩罗窗斑蝶
Amauris nossima	马达加斯加窗斑蝶
Levassori graphium	莱青凤蝶
Papilio aristophontes	芒德凤蝶
Antipathes dichoioma	黑珊瑚
Khaya comorensis	科摩罗卡雅楝
Weinmannia comorensis	科摩罗万灵木
Octotea comorensis	科摩罗奥寇梯木
Carissa comorensis	科摩罗假虎刺

资料来源：http：//www. comores－online. com/mwezinet/nature/protegees. htm。

表 5 - 16　二类保护物种（对维持生态平衡具有重要作用的易遭受破坏的物种）

学名	中文译名
Pteropus seychellensis	塞舌尔狐蝠
Microchiropter	小蝙蝠亚目
Agapornis cana	灰头情侣鹦鹉
Coracopsis nigra	非洲黑鹦鹉
Coracopsis vasa	马岛鹦鹉
Puffinus lhermninieri	奥氏鹱
Taohybaptus rufficolis	小鸊鷉
Accipitridae，Falconidae，Tytonidae	一类以外的鹰、隼、草鸮
Ardeidae	鹭科
Anatidae	鸭科
Laridae	鸥科
Charadriidae	鸻科
Scolopacidae	鹬科
Sulidae	鲣鸟科
Phoenicopteridae	红鹳科
Gekkonidae	壁虎科
Chamaeleontidae	避役科
Scincidae	石龙子科
Carcharhinidae	真鲨科
Lepidoptera	一类以外的鳞翅目
Tridacnidae	砗磲科
Cassidae	冠螺科
Cymatiidae	嵌线螺科
Cypraeidae	宝螺科
Muricidae	骨螺科
Chiton comorensis	科摩罗石鳖
Pinctada capensis	海角珠母贝
Echinodermes	棘皮动物
Holothuridae、Stichopodidae	海参、刺参科
Cyatheaceae	桫椤科
Orchidaceae	兰科
Tambourissa leptophylla	薄叶杯轴花
Euclea sp	科摩罗乌木种

近年来，科摩罗积极履行世界环境保护责任，加入了多个国际环保公约：《关于水禽栖息地的国际重要湿地公约》（又称《拉姆萨尔湿地公约》）、《濒危野生动植物物种国际贸易公约》（又称《华盛顿公约》）、《联合国海洋法公约》、《保护臭氧层维也纳公约》及《关于消耗臭氧层物质的蒙特利尔议定书》、《生物多样性公约》、《联合国气候变化框架公约》及《京都议定书》、《联合国防治荒漠化公约》、《国际防止船舶造成污染公约》、《控制危险废物越境转移及其处置巴塞尔公约》、《东非地区海洋和沿海环境保护、管理及开发公约》及关于东非地区野生动物保护区和紧急情况下海洋污染控制的两个合作议定书等。

因发展水平局限，科摩罗长期接受国际环保组织的援助。近年来科摩罗参与的国际环保项目有：①森林保护。为了达到对森林和森林资源的可持续管理目标，科摩罗已经制定了相关方案，拟在砍伐地区植树造林，但是再造林的速度和规模都很小。联合国《21世纪议程》确认小岛屿发展中国家构成环境保护与发展的特殊案例，国际粮农组织计划通过全面综合利用森林资源，在小岛屿发展中国家实现森林资源的可持续管理，促进森林土地的恢复和保护，加强海岸保护，加强综合规划和发展生态旅游。②灾害应对。2018年联合国开发计划署在科摩罗开展了加强科摩罗对抗灾害风险应变能力的项目，从全球环境基金（GEF）筹集约1000万美元的资源，用于科摩罗加强灾害管理和复原力建设。③生物多样性保护。1998年6月，由全球环境基金和联合国开发计划署资助，在科摩罗开展为期5年的保护生物多样性、保持岛屿独特自然遗产和可持续发展项目。2014年世界环境保护组织实施生物多样性和保护区管理计划（BIOPAMA），对科摩罗环保工作人员进行培训，支持科摩罗自然保护区融入陆地和海洋景观。

第六章

文　化

第一节　教育

一　教育简史

科摩罗教育的历史可大致分为三个主要阶段。第一阶段在法国殖民统治之前，科摩罗教育的基本形式是父子相传，不出家门。学习的主要内容是古兰经和宗教知识、道德观念以及一些手工业的入门知识和简单的农业知识。第二阶段在科摩罗独立前，从1843年到1975年，教育形式主要分为两种：第一种是由法国殖民者创办的类似法国模式的法语学校，学生主要是科摩罗的贵族子弟，以培养当地职位较低的政府官员为主；第二种是科摩罗人创办的伊斯兰宗教教育，主要用阿拉伯语教授古兰经。第三阶段在科摩罗独立后，教育事业得到了长足的发展。新政府高度重视教育，制定了本国的教育法规，为社会各阶层创造接受教育的机会。自20世纪70年代末以来，科摩罗政府前后实施了三次重要的国家教育发展工程建设。

第一次教育发展工程　1979年4月，在联合国教科文组织完成对科摩罗现场勘查等筹备工作后，国际开发协会同意对科摩罗的第一次教育发展工程项目提供援助。本次发展工程项目旨在通过培训教师、提供教科书和教学指南来提高基础教育阶段的教学质量和效率。这一项目还包括了两个新培训中心的建设，一个面向农业领域，一个面向辅助医疗领域，通过培训为科摩罗提供经济和社会发展所必需的人力资源。

第二次教育发展工程　1987 年 1 月 6 日，国际开发协会批准了 700 万特别提款权（相当于 790 万美元）的贷款，用以援助科摩罗完成第二次教育发展工程。本次发展工程项目旨在加强政府规划和管理教育部门的能力，提高整体教学质量，加强技术和职业培训。主要内容包括进一步完善科摩罗的教育体制，为提升中小学以及职业教育的质量提供政策支持，同时大力培养教育人才，开发相关教材，推广远程教育。

第三次教育发展工程　1997 年 6 月 30 日，第三次教育发展工程获批并开始实施。本次工程项目的援助主要面向初级教育和职业培训领域，通过提高教学质量和增加参与度来改善初级教育的状况，同时建立职业培训制度、加大职业技能劳动培训的力度。

2012 年，科摩罗国民教育、高等教育和科研部与联合国儿童基金会共同发起了一项教育规划项目，旨在提升教育的整体水平，为社会和经济发展提供人才储备。具体措施包括为学校修建教学楼、提供相应的教学设备、修建和完善体育设施、增设娱乐和文化中心等。此外，科摩罗国民教育、高等教育和科研部还进一步精简了各级教育管理机构。

二　教育管理

科摩罗国民教育、高等教育和科研部（以下简称教育部）是科摩罗教育领域的最高行政管理部门，负责基础教育、高等教育和科研组织的管理与发展。教育部下设理事会、部长办公室、秘书总署、国家考试和竞赛办公室、国民教育监察总局，对科摩罗大学有直接管辖权。教育部和各自治岛教育委员会是相互协作的合作关系。科摩罗教育部的工作重点是推动实现全民教育和千年发展目标，为优化教育资源的分配创造条件，加强成果管理，推进试点工作。

科摩罗教育部下属理事会的职责是协调、实施和监督政府关于基础教育、高等教育和科学研究的指导方针，提高教育系统的绩效和工作质量，并引入新的改革措施，以应对科摩罗民众对教育事业的关切。理事会的主要工作包括以下内容：建立国家教育工作人员档案管理，整合和更新学校区域图，调整教学结构；重组国民教育监察总局，完善机构的运作程序；

推进教育改革，改善治理结构，增加行政透明度；建立将国家考试和私人培训结合起来的教育质量保证体系。

1987 年 11 月 6 日，教育部发布第 87 - 11 号法令，国民教育监察总局成为科摩罗教育系统的一个部门，1993 年 3 月 9 日第 93 - 043 ／ PR 号法令确立了国民教育监察总局的组织归属。国民教育监察总局于 1994 年 12 月 20 日被纳入第 94 - 035/AF 法律。该法律第 5 项关于评价的条款（第 54～59 条）要求国民教育监察总局评估教育系统的运作情况，包括学生、工作人员、机构等。国民教育监察总局每年必须向教育部报告国家教育目标的执行情况和取得的成果。

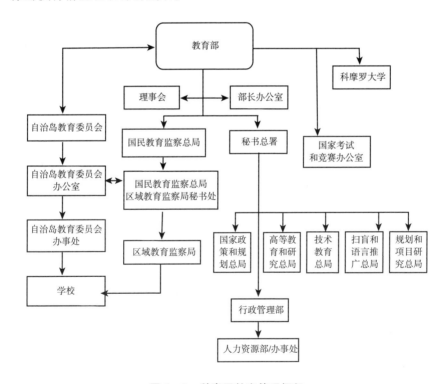

图 6 - 1　科摩罗教育管理框架

秘书总署由秘书长负责行政管理工作，秘书长由理事会和部长办公室负责选拔任命。秘书总署负责监督和协调其下设的六个部门，即国家政策和规划总局、高等教育和研究总局、技术教育总局、扫盲和语言推广总局、规划和项目研究总局以及行政管理部。秘书总署在其职权范围内对下属部门进行指导，确保部门一级的行政连续性。

三 教育体制

1. 概况

科摩罗的教育体制可以分为古兰经传统教育与法国式现代化教育两大体系。前者由地方集体办学，国家不予干涉；后者主要采用法国模式，由科摩罗教育部管理。自 1990 年以来，受社会政治动乱的影响，科摩罗的私立教育得以迅速发展，由此形成了公立教育与私立教育两大体系。

就学前教育而言，接受古兰经传统教育的学生入学年龄为 5 岁；接受现代教育的学生入学年龄通常为 3 岁或 4 岁。小学教育的入学年龄为 6 岁，学习期为 6 年，即 1～6 年级，小学毕业成绩是中学录取的重要参考标准。中学教育分为初中和高中两个阶段：初中教育学习期为 4 年，即 7～10 年级，初中毕业考试合格可获初中毕业证书，同时获得进入高中读书的机会；高中教育为期 3 年，即 11～13 年级。高中教育又分为普通高中和职业高中两种类型。每年 6 月，13 年级的学生须参加为期一周或两周的系列毕业考试，通过考试的学生才可以进入大学学习。

在高等教育方面，成立于 2003 年 11 月的科摩罗大学是科摩罗第一所也是唯一一所大学，主要学科领域包括人文、法律、经济、工程学、医学、教育等，在校学生约 13000 人。除了读大学，科摩罗高中毕业生还可以申请接受职业教育。学生可以选择商业、医疗科学、农业教育和师范教育等方向。科摩罗能够提供职业教育专业课程和培训的学校不多，创办于 1981 年的曼沃尼高等教育学院是最早开展职业教育的机构之一。

2. 学前教育

伊斯兰教是科摩罗的国教，绝大多数民众是逊尼派。而且，科摩罗贫困人口数量庞大，大多数家庭更愿意让孩子到古兰经学校免费接受传统教育。在这种背景下，古兰经传统教育成为最主要的学前教育方式。学生在古兰经学校可以学习伊斯兰教基本教义、日常生活礼仪、基本道德规范以及阿拉伯语知识。

近年来，私立幼儿园开始出现，学习期限为 3 年，分为小班、中班和大班三个阶段。收费幼儿园使用法语教学，课程主要包括法语、音乐、美术、体育等。

据联合国教科文组织 2017 年的统计数据，科摩罗学前教育的入学率偏低。2017 年，学前教育入学人数为 13945 人，其中男童人数为 6982 人，女童人数为 6963 人；有 26% 的儿童由于家庭贫困或疾病未能得到及时救治，而失去入学的机会。文盲率方面，男童约为 15%，女童约为 11%。

3. 小学教育

科摩罗的小学教育阶段参照了法国的教育模式，学制 6 年，整体上属于现代化教育体制，但由于宗教信仰，部分科摩罗小学仍设有古兰经课堂。科摩罗小学教育注重培养小学生的思想品德，宣传公平、人权和人道的思想。小学课程体系主要包括人文和科学两大类别，人文类课程包括法语、阿拉伯语、历史、音乐、艺术和体育等，科学类课程包括数学、科学技术和环境等。

自 20 世纪 90 年代以来，科摩罗的基础教育事业得到了法国、比利时、美国、加拿大、阿联酋、非洲教育联盟、OPEC 组织、非洲开发银行、联合国儿童基金会等国家和机构的不间断支持和援助。2013 年，科摩罗教育部制定了 2017～2018 年度至 2019～2020 年度过渡期教育改革工程，投入 230 万美元开展小学教育创新工程项目。小学教育的教学设施、教学质量、学生入学率、学业完成率等均得到显著改善。截至 2015 年的统计数据显示，小学阶段的入学率和学业完成率均超过 80%，但学生的留级率高达 28%。

4. 中学教育

科摩罗的中学教育是参照法国教育模式建立起来的现代化教育体系，公立中学与私立中学并存。中学教育分为初中和高中两个阶段，初中属于义务教育阶段，分为两年制和四年制普通初中；高中分为普通高中和职业高中，学制均为三年，学生可自由选择普通高中或职业高中。科摩罗中学每年 10 月开学，次年 6 月结束。

普通中学课程体系主要包括人文社科类与理科类，人文社科类课程包括语言（法语、阿拉伯语、英语）、历史、地理、体育和艺术等；理科类课程包括数学、物理、生物、化学等。职业高中设有商业与管理学系与农学和农业管理学系，前者一般开设会计、营销、管理和文秘等专业，后者以农业技术类相关课程为主。初中学生在毕业前需要参加毕业考试，通过者获毕业证书。高中学生在最后一个学期需要参加毕业会考，考试持续 1~2 周。

根据 2017 年联合国教科文组织的统计数据，科摩罗初中阶段的师生比是 1∶60，高中阶段的师生比为 1∶4.3。初中教师中接受岗前培训的比例为 85.1%，高中教师接受岗前培训的比例为 87.5%。由于家庭贫困或疾病等未能接受中学教育的适龄学生占总学生人数的 29.5%。2017 年，科摩罗初中教育的毛入学率为 55.51%，其中女性是 57.21%，男性为 53.87%，女性的整体入学率略高于男性。

5. 高等教育

2003 年 11 月，科摩罗第一所大学科摩罗大学正式成立，这也是科摩罗唯一一所综合性大学。同年，科摩罗大学的 4 个学院共计 16 个专业录取了 900 名高中毕业生，科摩罗的本土高等教育正式拉开帷幕。科摩罗大学现有教职工约 220 人，在校学生约 13000 名。

从 1982 年起，中国政府向科摩罗的学生提供奖学金，迄今已为科摩罗培养了数百名高级人才。据教育部数据，截至 2017 年底，中国共向 168 名科摩罗留学生提供奖学金。2017 年科摩罗在华留学生 296 名，其中获中国政府奖学金留学生 52 名。

科摩罗大学由各院系、学院、研究所、培训中心等组成，主要包括人文科学学院、法律和经济科学系、科学技术学院、伊玛目 Chafiou 学院、教师培训和教育研究所（IFERE）、大学理工学院（IUT）、医学与公共卫生学院（EMSP）、大学职业培训中心（CUFOP）等。

科摩罗大学鼓励学生攻读研究生，尤其鼓励学生赴法国留学。受到法国的长期影响，科摩罗大学的课程设置与法国大学的课程设置存在很多相似之处。大多数学生更希望在国外接受高等教育，出国留学的学生在完成学业后大部分不想再回到科摩罗群岛，由此导致了较为严重的"人才流失"的问题。

2014 年，中国国家汉办与科摩罗大学就在科设立孔子课堂签订协议。2018 年 9 月，在中科两国元首的见证下，中国国务委员外交部长王毅与科摩罗联盟外交与国际合作部长苏埃夫共同签订了《关于合作设立科摩罗大学孔子学院的协议》，授权并委托大连大学作为中方执行机构，与科摩罗大学合作建设学院。

6. 职业教育

科摩罗独立后，国家公共机构人力资源短缺，机构的运行效率低下。因此，在第一次教育发展工程的实施过程中，科摩罗政府教育主管部门提出了职业教育的发展理念，并将职业教育视为国家教育体系中的重要一环。时至 20 世纪 80 年代，受国际教育联盟的影响，科摩罗政府将以就业为导向的职业技能教育纳入优先发展的领域之一。在第二次教育发展工程实施过程中，职业教育和技能培训再次成为教育改革的重点建设工程。

1981 年，曼沃尼高等教育学院成立，标志着科摩罗职业教育的开端。曼沃尼高等教育学院成立之初的任务是为从事基础教育的教师和中小学校长提供岗前和岗位培训。科摩罗有超过七成的民众从事农产品的种植、加工和销售等，因此，与农业生产、农业管理等相关的农业职业教育培训应运而生。

1986 年，科摩罗国家职业培训人才发展中心成立。同年，科摩罗首都莫罗尼建成商业职业高中，专门提供文员、会计、秘书等岗位技能的培训。为满足小学教育发展的需要，科摩罗在同年成立了国家小学教师培训学院，主要承担全国小学教师的培训任务。

四 教育改革

尽管科摩罗政府为学生们提供了多种学习方式，但学生的入学率尤其是基础教育阶段的入学率并不稳定，近年来呈现出整体下降的趋势。科摩罗政局的动荡不安对教育系统的平稳有序运行造成了极大的负面影响。为了应对国际援助机构对科摩罗财政改革的要求，政府通常会削减教师人数或降低工资，科摩罗教师为此多次掀起大罢工。与此同时，无故取消课程或考试、政府教育资金投入不足以及学校管理不善等问题引起了学生的不满。

为了破解教育面临的困境，科摩罗教育主管部门先后实施了一系列改革举措，以提高贫困地区的儿童入学率、提升中小学教师的语言技能和教学技能、改善公立学校的卫生和学习环境。为了进一步提升教育质量，改善国民教育状况，科摩罗与欧盟开展合作（2005～2010年），其中"科摩罗教育部门支持项目"的实施效果较为显著，约320所小学和中学通过这一项目得到了改造和重新修整，任课教师、学校主管和教育督察得到了相对系统的培训。此外，该项目还投入了约1650万美元用于千年发展目标的推进。在各类教育支持项目的推动下，科摩罗小学教育的普及率在7年内上升了6个百分点，男女性入学率的差距也在逐渐缩小。

近年来，科摩罗政府通过各种方式推进教育改革，然而由于历史原因，很多问题在短时间内难以解决。地处偏远的学校仍然缺少基本教学设施、学习设备和教科书等教学资源，师资力量薄弱，学生的入学积极性不高。

第二节　科学机构与文化设施

作为世界最不发达国家之一，科摩罗基础设施落后，科技人才短缺，经费投入不足，科学技术发展滞后。在国际社会的援助和支持下，科摩罗近年来在科技发展方面制定了相应发展规划。根据1979年1月11日第79/06号法令，科摩罗国家文献与科学研究中心（CNDRS）在首都莫罗尼成立。CNDRS的运行受科摩罗教育部监督，是一个具有独立法人资格，享有行政、财务和管理自主权的公共科学机构，下设行政部门、国家博物馆、国家档案馆、国家图书馆、科学研究处和评估部门，同时中心还负责托管科摩罗国家海洋数据中心（CNDOC）。CNDRS的主要职责包括保护和传播科摩罗各类自然和文化遗产，指导和协调科学技术研究，与相关国家签订发展科学技术关系的协议或合同，负责相关研究人员的培训以及与国外机构的合作研究，向公众推广科学技术研究成果等。

中心在发展初期得到了联合国教科文组织、国际文化和技术合作机构以及欧洲和非洲多个国家和地区的支持。中心相继成立了科摩罗历史保护协会、遗址考古协会等，通过恢复祖先故居、建立阅览室、还原失传的舞蹈或传统乐器等措施，保护科摩罗文化遗产，复兴传统民族文化。虽然经过多年的建设，但中心的软硬件建设仍然滞后，科研水平有限，较难实现与国际的有效对接。中心下设或托管的机构，如国家博物馆、国家档案馆、国家图书馆、国家海洋数据中心等，都因建设经费不足发展缓慢。

国家博物馆

科摩罗国家博物馆于 1988 年建成开放，设有 4 个常设展厅。通过展品和资料，人们可以了解科摩罗群岛先民的历史、社会和自然环境的演变，以及科摩罗在印度洋、非洲和世界历史中的地位。在历史、考古、艺术和宗教展厅，人们可以了解科摩罗从 9 世纪至今的历史。展品中有苏丹人的雕刻、宅邸、城市和景观，真实地还原了苏丹时期人们的生活风貌。展厅设有专门的区域介绍科摩罗历史上著名的宗教人士。此外，展厅还通过图片资料展示近现代科摩罗人的生活方式、建筑物、艺术品和日常用品。火山和地球科学展厅可见卡尔塔拉火山模型和照片，以及种类各异的火山岩。展品和照片附有文字介绍，内容包括历次火山爆发的时间和造成的灾害情况，以及科摩罗在火山研究方面取得的研究成果等。海洋学和自然科学展厅用来陈列腔棘鱼等印度洋或科摩罗特有的陆地和海洋动植物标本，科摩罗群岛的生物多样性得到较为全面的展示。社会文化人类学展厅展出与科摩罗日常生活、文化以及环境有关的资料和物品，包括手工技术与生产技术发展、民俗与服饰传统等。除四个常设展厅，博物馆还经营着一个书店和一个临时展览画廊，画廊不定期举办主题多样的展览。此外，国家博物馆还设有动画制作组和文物保护修复组，前者主要负责与国家文献与科学研究中心的其他部门、各文化团体以及外国机构合办展览和制作动画节目，后者负责文物的保护工作，修复受损的文物。

国家档案馆

在独立后的第二年，科摩罗便成立了国家档案馆，收藏了从马达加斯加殖民统治时期到独立前的一批重要文献档案。萨利赫发动政变上台后，于 1977 年 4 月 12 日通过了一项法令，开始销毁相关档案，以清除前政权的痕迹，确立自身政权的合法性。1979 年 1 月，国家文献与科学研究中心成立后，开始重建国家档案馆。由于财政资金严重不足，档案馆的前期建设和维护得不到保障，档案文件失窃时有发生，文件霉变和虫蛀问题较为严重。1993 年，时任总统乔哈尔签署法令，对档案记录的保护、档案管理员的培训等做出了具体规定。

国家档案馆的主要职责包括文件的收集、分类、整理和分发；各种形式（纸张、数码、视听等）的文献资料管理和维护；视听档案的保管、估价和数字化工作。公众可以在国家档案馆查阅各种文件，目前最早的档案记录可以追溯到 1892 年。为了增加馆藏档案的数量，档案馆与马约特岛、马达加斯加和法国等积极沟通，获取与科摩罗相关的档案记录。目前，国家档案馆的档案文件主要包括：1897 年至 2012 年的官方期刊、1885 年至 1982 年的图像档案、1932 年至 1984 年的硬币和纸币、1961 年至 1992 年科摩罗各政党的报纸等。

国家图书馆

据国家文献与科学研究中心官方统计数据，国家图书馆藏书仅 10000 余册。公众可以在图书馆里阅读书籍、档案以及科摩罗学生的论文。

国家海洋数据中心

2001 年 7 月 12 日，科摩罗国家海洋数据中心在联合国教科文组织和比利时政府的援助下正式成立，该中心由国家文献与科学研究中心负责托管。由于资源和设备有限，中心主要作为国家级海洋和环境数据的观测站，推动区域海洋考察活动的开展。近年来，通过与非政府组织的合作，中心建立了海洋数据和信息收集、监测和保存系统，收集和保存与海洋环境有关的物理、化学、生物和社会经济数据。

中心先后多次参加海洋信息管理的区域性和国际性培训，作为成员参与各类海洋生物多样性发展项目。主要任务包括收集生物多样性的生物数据和科摩罗渔业的社会经济数据，通过培训参与海洋数据管理、海洋信息管理、海啸数值模拟、环境影响评价、自然资源管理等，参与制定国家应急预案，参与制订保护科摩罗生物多样性的行动计划，参与珊瑚礁监测工作等。

第三节　文学艺术

科摩罗拥有悠久的艺术传统，在音乐、舞蹈、戏剧等领域展现出独特的艺术魅力。但与大多数国家不同，科摩罗的课程体系中并未设置艺术教育类课程。在艺术教育没有受到重视的情况下，科摩罗的本土艺术依然蓬勃发展。科摩罗拥有众多的优秀平面设计师、画家、陶艺家、建筑师、雕塑家等。

一　文学与戏剧

科摩罗的早期经典文学主要以口述为承载和传播形式。大量的民间故事或传说口口相传，鲜见以文字写成的文学作品。后来，科摩罗当地的学者、王公贵族和编年史家开始用阿拉伯语和斯瓦希里语写作，记录村庄的历史、战争、哲学、诗歌和谚语故事等。直至科摩罗独立前后，人们才开始用科摩罗语进行文学创作。由于长期的殖民统治，科摩罗文学始终处于边缘。目前，越来越多的科摩罗诗人、小说家、剧作家用科摩罗语写作，但作品的影响力有限。

歌词是科摩罗文学的一种特殊形式。在没有文字记载的情况下，歌词展现了历史上发生的一些重大事件，比如王朝建立、国王登基、新移民到来、新技术引进等。科摩罗的戏剧多以历史事件和社会现象为主题，大多表现民众日常生活的艰辛与无奈。

二　音乐与舞蹈

音乐是科摩罗人相互交流的一种方式。科摩罗音乐风格受到阿拉伯、非洲、印度和西方音乐的影响，情感丰富、曲调柔和。科摩罗人通过音乐向后世子孙传递思想观念，传授生活经验，同时培养了想象力和艺术才能。无论是妈妈给孩子唱的摇篮曲，还是渔夫吸引鱼群的渔歌，科摩罗的音乐节奏优美，旋律动听。科摩罗人十分热衷音乐和舞蹈，几乎所有的科摩罗城市都有定期或不定期举办的音乐活动，当地的音乐团体和艺术家经常聚集在城市广场上表演，传统音乐与现代乡村管弦乐队演奏的音乐相互配合、相得益彰。科摩罗音乐里经常使用的乐器包括手风琴、吉他、锣、鼓和响板等。

19世纪，从非洲大陆被贩卖到种植园的奴隶、自由迁徙的工人等群体为科摩罗音乐的发展注入了新鲜的血液，音乐风格变得更为多元。从生到死，科摩罗人的一生始终与音乐相伴。婴儿降生时，人们会唱有助于分娩的《希比亚伊科萨》（*himbiya ikosa*），欢迎新生命的降临。去世时，人们会唱葬礼歌曲《伊杜比约》（*idumbiyo*），表达哀思。

在科摩罗，不同的生活场景会有不同的音乐或舞蹈。最早由科摩罗奴隶传唱的伊卡瓦杜（ikwadou）舞蹈用来表达被奴役的愤怒和复仇的决心；博拉舞（bora）节奏轻快，经常在盛大的婚礼上表演，也可以用来纪念令人愉悦的事件，妇女通过博拉舞表达欢快的心情；萨姆贝（sambe）、塔里（tari）或姆肖戈罗（mshogoro）等一般只用于大型的仪式表演中。

在殖民统治时期，科摩罗人经常借助音乐来讽刺当时的社会问题。讽刺音乐的代表人物当属19世纪的歌手伊贝西。1890年，伊贝西密谋反抗大科摩罗岛的苏丹王，但遭到叛徒的出卖，计划最终失败。1916年，伊贝西在参加抵抗殖民者的战争时被捕，后被驱逐到马达加斯加。随后，伊贝西返回科摩罗，开始创作歌曲讲述当地人受殖民者虐待的悲惨遭遇和被驱逐的痛苦，激发了民众与殖民者斗争的决心。

20世纪60年代，受到政治和科技等因素的影响，科摩罗音乐出现了许多重要变化。首先，随着非洲大陆国家的独立，歌手和作曲家开始更为关注政治方面的主题。随后，无线电的出现在岛上引发了一场小小的音乐革命。歌手们不再需要四处走动，他们的歌曲可以通过无线电传送到群岛的每一个角落。与此同时，大批从坦桑尼亚返回的科摩罗侨民带来了一种名为塔拉勃（taarab）的音乐，很快便在整个群岛中流传开来。

塔拉勃是一种受阿拉伯和印度音乐影响的东非流行音乐。在科摩罗，塔拉勃最初用阿拉伯语演唱，后来加入了斯瓦希里语。塔拉勃一般在盛大的婚礼仪式上演奏。受到法语国家塔拉勃乐团的影响，科摩罗业余音乐家组建了自己的塔拉勃乐团。科摩罗塔拉勃独具一格，时而沉静，时而奔放。在过去的几十年里，塔拉勃乐团受到了西方现代音乐的影响，参与演奏的音乐家数量不断减少，电子乐器使用不断增多。尽管如此，演奏一场塔拉勃乐仍需要 20～30 人，一般特别盛大的婚礼上才会有塔拉勃乐团演奏。

20 世纪 80 年代，受到西方民间音乐的启发，科摩罗音乐家阿布·奇比（Abu Chihabi）对科摩罗古老的讽刺歌曲进行改造，用以谴责现实生活中的社会不公和种族歧视。1976 年，阿布的歌曲在总统阿里·萨利赫组织的比赛上播放，他因此一跃成为科摩罗的明星。两年后，萨利赫政权被推翻，阿布被迫离开莫罗尼，后来在其他法语国家开始了他的职业生涯。在科摩罗，热爱音乐的人在勉强果腹的情况下坚持创作，制作唱片，把音乐作为职业的歌手凤毛麟角。

三　传统手工艺

科摩罗的传统手工艺包括陶器、木艺、编织等，以及金银丝制珠宝。随着国民经济的发展，科摩罗的手工艺产品设计风格和制作工艺也在不断革新，以满足日益多元的市场需求。随着旅游业的发展，为扩大手工艺品的销量，科摩罗工匠设计出了一系列旅游产品，体现出浓郁的岛国文化特色和自然风光。

陶艺

群岛的考古发掘证实，科摩罗有着悠久的陶器制造和使用传统。从制作陶器模型到烧制和加工装饰，科摩罗女性在陶艺发展方面做出了自己独特的贡献。时至今日，科摩罗陶器的造型和风格日趋多元，但是陶器镶边造型等传统设计一直保留了下来。随着大批外国游客的到来，科摩罗的陶器工匠们进行了大胆的创新尝试，以迎合游客的审美情趣和消费需求，更加注重陶器的装饰性设计。

木艺

科摩罗的木艺发展受到了多元文化的影响，其中主要是殖民时期的外来文化。斯瓦希里地区的木艺最为著名。在古老的清真寺和王公贵族府邸里，木艺装饰随处可见，在大门和室内横梁上雕刻着繁复的花卉图案或几何图形。时至今日，木艺在科摩罗焕发出新的活力。工匠们匠心独具，将木艺新技术与传统工艺有机融合，大胆创新设计理念，实现了现代工艺与古老传统的完美融合。

编织

编织艺术在科摩罗是一种由女性主导的艺术。科摩罗的编织艺术极具本土特色，同时融合了东非、马达加斯加等地的风格。编织最初是科摩罗贵族妇女的专属，她们不用参与田间劳作，靠制作编织品打发时间。彩色编织垫是科摩罗重要的编织品之一，可以用作床罩或地毯，也可用作祈祷垫或壁毯。

四　艺术中心

卡尔塔拉艺术中心于 2006 年建成。中心以卡尔塔拉火山命名，已发展为展示科摩罗、印度洋和东非国家艺术的重要舞台。中心的建设得到了荷兰阿姆斯特丹国立科学院的技术支持以及荷兰合作与发展部的资金援助。中心坐落在殖民时代的工业和农艺中心萨利曼尼，建有一个 238 平方米的多功能厅，可举办大型展览、文艺演出、专题研讨会等。卡尔塔拉艺术中心既是一个学习和交流的场所，又是一个视觉艺术创作和传播的场所。科摩罗的年轻人喜欢通过艺术中心这一平台展示自己。

第四节　体育

一　体育概况

科摩罗流行各种各样的体育运动，包括足球、篮球、田径、游泳、网球和自行车等，其中大部分运动项目在法国殖民统治时期引进。科摩罗参加的国际和地区比赛主要包括印度洋岛国运动会、法语国家运动会、奥运会等。

1979 年，科摩罗参加了在法属留尼汪举办的首届印度洋岛国运动会（JIOI），主要参赛国家和地区包括法属留尼汪、毛里求斯、马达加斯加、塞舌尔、科摩罗、马尔代夫等。除缺席 2015 年在留尼汪举办的第 9 届印度洋岛国运动会外，科摩罗至 2019 年共参加了 9 届印度洋岛国运动会，先后获得金牌 5 枚、银牌 13 枚、铜牌 59 枚。

1979 年，科摩罗国家奥林匹克委员会成立，后于 1993 年获国际奥林匹克委员会的承认。1996 年，科摩罗首次派出 4 名运动员参加亚特兰大奥运会，此后每届夏季奥运会都会派运动员参加。科摩罗从未参加过冬季奥运会。截至 2016 年，科摩罗还没有运动员获得过任何奥运会奖牌。

在科摩罗，足球是最受欢迎的运动，每个城镇至少有一支足球队。科摩罗国家足球队成立于 1979 年，由科摩罗足球联合会负责管理和运营。2003 年加入非洲足球联合会（CAF），2005 年成为国际足联的第 207 个成员。1979 年，科摩罗国家足球队在印度洋岛国运动会上首次亮相。据统计，迄今科摩罗国家足球队未进入过任何国际赛事的决赛。据 2020 年 2 月的统计数据，科摩罗国家足球队在国际足联的排名为第 133 位，历史最高排名为第 127 位。

随着 20 世纪 90 年代末全国篮球联合会的成立，篮球迅速成为人们喜爱的球类运动。1999 年，马约特岛与大科摩罗岛举行了第一届篮球比赛。篮球比赛等赛事成为增进科摩罗群岛之间交流的重要途径之一。

二　体育设施

科摩罗莫罗尼体育场由中国中元公司设计、上海建工集团股份有限公司承建。体育场项目于 2016 年 10 月开工建设，2019 年 5 月通过竣工验收。该体育场是科摩罗政府用来申请举办印度洋岛国运动会主办权的一项重大工程。

莫罗尼体育场用地面积约 82545 平方米，体育场设计容纳人数约 1 万人，附属设施包括小型足球练习场、训练跑道以及室外停车场。项目总建筑面积为 4350 平方米，建筑最大高度为 19 米。看台为钢筋混凝土框架结构，罩棚为钢骨架膜结构。建筑功能用房包括运动员用房、新闻媒体用房、赛事管理用房、贵宾用房、设备用房、观众卫生间。项目总投资约 1.8 亿元人民币。

第五节　新闻出版①

由于经济和社会发展水平低下，科摩罗的新闻传播业在各印度洋岛国中属于起步最晚的国家之一。直至 20 世纪 70 年代，科摩罗才有了现代意义上的新闻媒体和广播电视。

一　报刊与通讯社

20 世纪 70 年代中期之前，科摩罗一直没有官方媒体。因缺乏现代印刷技术，政府部门只能通过派发传统油印传单进行信息传播。

《祖国报》（Al-Watwan）

1985 年，在法国的资助下，科摩罗创办的第一份报纸《祖国报》，成为该国的第一份官方报纸。科摩罗成为最后一个创办官方报纸的联合国成员国。第一期《祖国报》于科摩罗独立 10 周年之际发行。该报主要以法文为主，时有科摩罗语版面，内容主要涉及体育、艺术、文化、经济、政治等领域的国内外新闻。该报原为月报，后改为双周报，1989 年后又改为周报。2000 年又增发了阿拉伯文版。《祖国报》主要在科摩罗国内发行，部分在法国销售。

《群岛报》（L'Archipel）

科摩罗第一份独立月报，于 1988 年 9 月创刊发行，但该报刊由于发表反政府言论先后遭遇了两次停刊，直至阿卜杜拉曼总统去世后，该报在 1990 年才实现了正常发行。

《科摩罗公报》（La Gazette des Comores）

科摩罗第二大报纸，于 1999 年军事政变后创刊发行。

《公共空间》（Ya Mkobe）

科摩罗国家文献与研究中心旗下杂志，在编辑达米尔・本・阿里

---

① 本节部分内容参阅马晓霖、马涛《举步维艰的科摩罗新闻传播业》，《对外传播》2018 年第 11 期。

（Damir Ben Ali）的指导下于 1984 年首次出版。从 1994 年至 2000 年，该杂志不定期出版，其间经历了长时间的停刊。最后一期，即第 20 期杂志，于 2016 年出版。该杂志刊登的文章丰富多样，涵盖人文科学和自然科学领域。

《科摩罗杂志》（Comores-Mag）

该杂志由一批出生在法国马赛的科摩罗人后裔于 1999 年 1 月创办，内容主要以科摩罗时政、文化和体育新闻及评论文章为主，同时还涉及马达加斯加、留尼汪和毛里求斯等岛国的相关内容，该杂志在各印度洋岛国可免费获取。杂志创办的初衷是让法国籍科摩罗年轻一代了解祖国的历史和文化，推动族群的文化认同与身份认同。该杂志建有官方网站（网址：http：//www.comoresmagazine.com/），内容涉及政治、经济、教育、社会、运动、交通、文化、卫生及宗教等。

科摩罗通讯社（Agence Comores Presse）

科摩罗通讯社创办于 1999 年，总部设在首都莫罗尼。作为科摩罗第一家通讯社，科摩罗通讯社的成立结束了科摩罗没有通讯社的历史。在此之前，法新社是国际新闻报道的主要来源，官方派出的记者为国内新闻提供稿件。

二 广播与电视

1. 广播

科摩罗广播电台

1960 年，马约特岛藻德济电台（Radio Dzaoudzi）由法国海外广播公司（SORAFOM）投资建设，这也是科摩罗有史以来的第一个电台。1961 年 2 月，藻德济电台进行首次试播。当时，该电台由来自法国的专业技术人员负责运维。1975 年 7 月，科摩罗单方面宣布独立，法国不予承认并实施制裁，将电台的技术人员全部撤回。科摩罗新政府将藻德济电台发射机转移到新首都莫罗尼，同时将藻德济电台更名为科摩罗广播电台（Radio Comoros），并于 1976 年 10 月 15 日正式对外广播，成为科摩罗独立后的国家官方电台。作为当时民众获取信息的唯一途径，电台的运行管理受到了新政府的高度重视。为了巩固新生政权，电台广播以政府的政治宣传为主。科摩罗广播电台创建之初发射功率小、信号弱，广播覆盖的范围非常有限，信号只能覆盖大科摩罗岛，其他岛屿接收不到广播信号。直到 1984 年，法国援助一台调频发射器供科摩罗广播电台使用，其信号才得以覆盖 3 座主要岛屿。1991 年 4 月，通过德国援建的中、短波发射台，科摩罗广播电台信号实现全国覆盖。1993 年，科摩罗广播电台通过短波实现全球范围内的信号播送。目前，科摩罗广播电台的播报语言主要是科摩罗语，有时也用法语、阿拉伯语或斯瓦希里语。该电台长期以来对中国秉持友好态度，时常报道有关中国的新闻，在中国重大节日还会安排一些特别节目介绍中国的情况，播放中国的音乐。

热带调频广播电台（Tropiques FM）

热带调频广播电台于 1991 年成立。该电台由科摩罗政治活动家阿里·卡西姆创办，是该国第一个由私人独立运营的电台。该电台由于长期发布反对政府的言论，受到科摩罗政府的严格监管。

除了科摩罗广播电台和热带调频广播电台外，大科摩罗岛和昂儒昂岛的地方政府也分别设有官方电台 Radio Ngazidja 和 Radio Anjouanaise。此外，大科摩罗岛和莫埃利岛有一些小型私营广播电台，资金主要来自当地民众及侨居国外的科摩罗人，电台的原创性节目较少，主要以转播法国国际广播电台的节目为主。

2. 电视

科摩罗的电视发展滞后于其他印度洋岛国。科摩罗政府曾于 2005 年请法国援建国家电视台，但未得到法国方面的回应。为了改变科摩罗广电发展的落后状态，中国政府决定向科摩罗援建国家广播电视中心和国家电视台。国家广播电视中心集广播电视节目制作和传输于一体，主要包括 1 个 300 平方米的综合演播室和 1 个 50 平方米的广播直播室，还包括节目后期编辑系统和节目的交换和传输系统。工程于 2000 年竣工，当年正式投入使用。2005 年 2 月，时值中国与科摩罗建交 30 周年，中国将援建的科摩罗国家广播电视台移交科方。从电视发射台、数字演播室、电子编辑室建设，到人员培训和设备维护等，国家电视台所有软硬件建设均由中国承担。2006年5月，科摩罗国家电视台正式开播，节目涉及新闻、宗教、文化、教育、娱乐等多个方面，其中大部分节目使用法语广播。科摩罗官方电台和电视台由科摩罗国家广播电视中心统一管理。该中心的办公大楼是由中国援助建成的。

2016年12月，中国援建的科摩罗莫埃利岛数字电视覆盖项目竣工，该项目可通过海底光缆向莫埃利岛传送中国中央电视台第四套电视节目、一套中国影视剧节目、科摩罗广电中心节目及一套阿拉伯电视节目。

2012年4月17日，经过记者群体多年的请求，科摩罗设立国家新闻和视听委员会（CNPA）作为媒体监管机构。该委员会的设立旨在保障媒体的有效运行，尊重受众的知情权，保护自由竞争，保障平等地表达思想观点，保护和展示科摩罗多元文化。该委员会的官方网站为：http：//cnpa. km/。

三　互联网

由于电信基础设施落后，科摩罗群岛仅有几个城镇连接了互联网。据Internet World Stats统计，截至2019年6月，科摩罗互联网用户总数为130578人，占人口总数的15.3%。得益于智能手机的不断普及，科摩罗开始逐步在更多地区拓展3G网络。科摩罗人一般通过智能手机和加密锁上网。然而，由于基站数量有限且分布不均，各城镇手机互联网接入速度参差不齐。

VSAT（Very Small Aperture Terminal）技术，即卫星通信地球站技术，是20世纪80年代中期开发的一种卫星通信系统。科摩罗人口结构年轻化，15岁及以下的年轻人口约占人口总数的1/3，这一年龄群体在数字时代长大，对互联网有着强大的消费需求，为VSAT技术在科摩罗的发展提供了广阔的空间和无限的发展机遇。目前，西班牙Syntelix卫星公司是为科摩罗提供VSAT技术服务的主要公司之一，包括卫星宽带互联网连接服务、通过VSAT技术访问互联网服务以及私人访问MPLS（多协议标签交换）服务。该公司也为科摩罗提供覆盖全国的端到端互联网服务，该项业务涵盖设备的采购安装、网络的运营、许可证的发放以及通信设施的维护。为科摩罗提供宽带互联网服务的公司还包括 IAPS 安全服务公司、Contina 公司、Intelsat 公司和科摩罗电信公司。

2011 年 10 月，卡塔尔启动了一项无线网络建设项目，目的是通过低成本、可重复的技术将科摩罗的三个岛屿连接起来。该项目由卡塔尔大学和都灵理工大学负责开发工作，科摩罗政府和科摩罗大学也参与其中。该项目是发展中国家技术转让的一个范例。

2005 年，华为进入科摩罗通信市场，与本地运营商合作，先后参与建设了 2G、3G、4G 网络。目前华为产品和服务惠及当地约 80% 的人口。2016 年，华为海洋网络有限公司（华为技术有限公司与全球海事系统有限公司联合成立的合资公司）成功交付连接大科摩罗岛、昂儒昂岛和马约特岛的 Avassa 海底光缆系统。当前，科摩罗电信公司拥有三条海底电缆系统，Avassa 海底光缆系统的建成进一步保障科摩罗各岛之间网络连接的安全性和可靠性，增加各岛间国际带宽，网络传输速度更快，传输容量更大。

依靠全球援助计划，科摩罗建立起国际通信系统，然而，由于缺乏微波无线电中继、高频无线电话通信站系统，全国仅有少数市镇能够使用电话服务；2017 年，在使用的固定电话线路约有 17212 条，每 100 个居民中有 2 人拥有固定电话；移动电话用户总数为 446868 人，每 100 人中约有 55 人使用移动电话。国内、国际移动服务和无线数据服务的提供商主要为科摩罗电信公司和马达加斯加电信公司。科摩罗是连接东非、欧洲和北美的轻便光纤海底电缆系统的着陆点，能够与马达加斯加和留尼汪进行高频无线电话通信。

近年来，随着互联网技术的推广，科摩罗的各政府部门、广播电视、报纸杂志等纷纷开设门户网站，科摩罗的各类网站数量日益增多。科摩罗的网站包括：

《祖国报》官方网站（https：//alwatwan.net/）

由于印刷费用高昂，发行存在地域限制，《祖国报》于 2008 年建成自己的官方网站。该网站目前分设法语版和阿拉伯语版，两个版本的内容并不完全相同。《祖国报》官方网站主要分为经济、社会、健康、教育、文化、政治、体育七大部分，读者可以在线浏览网页，也可以下载网站提供的 PDF 格式文档阅读。

科摩罗 24 小时新闻网（https：//www. comores24. com/）

科摩罗 24 小时新闻网是科摩罗最大的服务型门户网站，24 小时滚动报道科摩罗国内和国际（主要为法国和阿拉伯国家）新闻。该网站分为法语和阿拉伯语两个版本，内容覆盖国内外新闻事件、体坛赛事、地图导航、城市服务、实用信息等。

科摩罗在线（http：//www. comores－infos. net/）

科摩罗在线是一个综合性新闻网站，主要报道科摩罗及其侨民的有关新闻。网站内容主要分为政治、社会、经济、访谈、非洲、宗教、时事新闻等栏目。网站总部设在首都莫罗尼。

科摩罗新闻网（https：//www. actu－comores. com/）

科摩罗新闻网主要报道科摩罗政治、文化、体育、教育、经济等方面的新闻。该网站致力于及时为读者提供关于科摩罗和科摩罗侨民的各方面的新闻。

第一节　外交概况

科摩罗于 1975 年 7 月 6 日独立，成立之初国名为科摩罗共和国，艾哈迈德·阿卜杜拉·阿卜杜拉曼任总统。同年 11 月，科摩罗正式成为联合国第 143 个会员国。1978 年 10 月 22 日改国名为科摩罗伊斯兰联邦共和国，2001 年 12 月 23 日改国名为科摩罗联盟。科摩罗目前是联合国、非洲联盟、阿拉伯国家联盟、世界银行、国际货币基金组织、印度洋委员会、南部非洲发展共同体、非洲开发银行和世界旅游组织、印度洋岛国经济委员会、东部和南部非洲共同市场、非洲工商业法规一体化组织等国际组织的成员国。

科摩罗与沙特阿拉伯和科威特等石油资源丰富的阿拉伯国家建立了密切的关系，经常从这些国家和区域性金融机构获得援助，例如阿拉伯非洲经济发展银行和阿拉伯经济社会发展基金会。1977 年，科摩罗在申请加入阿拉伯国家联盟时被拒绝，直到 1993 年 10 月再次申请加入才获得通过。

1985 年，科摩罗正式成为印度洋委员会的第 4 个成员国。该委员会成立于 1982 年 12 月，其宗旨为促进各成员国间之间的合作，协助本地区国家融入区域和世界一体化进程，并在国际合作中维护印度洋岛国的利益。委员会目前包括毛里求斯、马达加斯加、塞舌尔、科摩罗和以法国名义加入的留尼汪岛 5 个成员，以及欧盟、中国、法语国家组织等观察员。

2017 年 8 月，在南非比勒陀利亚举行的第 37 届南部非洲发展共同体国家元首和政府首脑会议上，科摩罗被接纳为南部非洲发展共同体的第 16 个成员。

截至 2019 年，在科摩罗莫罗尼设有大使馆的国家有中国、法国、利比亚、沙特、南非、苏丹、坦桑尼亚。科摩罗则在以下国家设有大使馆：中国、法国、利比亚、沙特、南非、坦桑尼亚、科威特、阿联酋、比利时、埃及、马达加斯加、塞内加尔。

根据科摩罗外交与国际合作部的规定，非外交人员入境后，须在 72 小时之内前往科摩罗国家移民总局申请办理在科居留签证，其中旅游签证不超过 45 天，短期逗留签证为 46 天至 3 个月。在申请上述两种签证时，签证申请人还须出示离境机票。科摩罗法律规定，外国人在科短期居留期间，不得从事任何有报酬的工作，也不能从事只提供餐饮、不支付报酬的工作。根据规定，外国常驻科摩罗外交人员出入科摩罗境内必须持科摩罗外交与国际合作部签发的有效居留签证（有效期为一年，到期延续一年）。新任驻科摩罗外交人员如无法在国外取得入境签证，须事先取得科摩罗外交与国际合作部书面入境许可，抵达时办理落地签证。

截至 2019 年，对科摩罗公民提供免签的国家和地区有贝林（90 日）、多米尼克（21 日）、厄瓜多尔（90 日）、海地（3 个月）、中国香港（14 日）、马来西亚（30 日）、密克罗尼西亚（30 日）、巴拿马（180 日）、菲律宾（30 日）、圣文森特和格林纳丁斯（1 个月）、新加坡（30 日）、突尼斯（3 个月）、乌干达（3 个月）、库克群岛（31 日）、纽埃岛（30 日）。中国大陆和台湾都要求科摩罗公民必须提前签证才可入境。中国香港可以为科摩罗公民提供 14 日的免签，中国澳门可以提供落地签。

第二节　与法国的关系

一　科法关系简史

由于长期的殖民统治，科摩罗与原宗主国法国一直保持着特殊关系。

科摩罗在 1975 年独立后同法国的关系一度中断。1978 年 7 月 1 日，科摩罗与法国正式建交。同年 12 月，两国签订了《友好合作条约》、《经济、财政和货币协定》、《文化教育协定》和《防务协定》等多份合作文件，法国全面恢复了对科摩罗的援助。法国从此成为科摩罗最大的贸易伙伴和援助国，并在科摩罗的军队、政府等机构派驻顾问和专家。

科摩罗群岛所处的西印度洋莫桑比克海峡是世界上最重要的海上通道之一，具有极为重要的战略地位。冷战结束后，法国更为关注法科关系，通过对科摩罗援助等一系列外交措施进一步巩固法国对科摩罗的影响力。

2005 年 1 月 31 日至 2 月 2 日，科摩罗总统阿扎利对法国进行正式访问，成为第一位正式访法的科摩罗总统。访问期间，法方宣布恢复自 1999 年起中断了 5 年的对科摩罗的发展援助。2007 年 9 月，科摩罗总统桑比访问法国。同年 11 月，法国在援科欧洲出资者会议上出资 100 万欧元帮助科摩罗偿还非洲开发银行 31% 的债务，12 月又向科摩罗提供 120 万欧元的优惠贷款用以推动中小企业的发展。

2008 年 3 月，法国支持科摩罗政府军对昂儒昂岛采取军事行动，并承担了一部分运兵任务。2008 年 5 月 13 日，法国政府国务秘书访问科摩罗，与桑比总统进行了会谈。法国表示要重启自 2007 年起中断的昂儒昂岛合作项目，恢复有关马约特岛问题的工作组会谈协商机制。但在 2009 年 3 月，法国在其实际控制的马约特岛进行"建省公投"，并获得通过，单方面宣布马约特岛自 2011 年起由法国"海外领地"正式变为"海外省"，遭到科摩罗政府的强烈反对。

2013 年 6 月，科摩罗总统伊基利卢访问法国，与法国总统奥朗德共同签订《科法友好合作宣言》。2015 年 9 月，法国向科摩罗环保组织提供约计 150 万元人民币的物资和技术支持。2016 年 10 月，科摩罗总统阿扎利访问法国，与法国总统奥朗德举行会谈。同年 12 月，法国发展署向科摩罗财政部提供 80 万欧元的援助，以推动科摩罗财政金融业的发展。2017 年 9 月，法国发展署向科摩罗提供农业和渔业专项援助 400 万欧元。

2019 年 7 月，科摩罗总统阿扎利对法国进行正式访问。阿扎利总统与马克龙总统签订了《关于建立科法新型合作伙伴关系框架协议》。根据该框架协议,法国将在 3 年内向科摩罗提供总计 1.5 亿欧元的援款,用于支持科医疗卫生、教育、边防等 14 个优先发展领域,帮助科摩罗推动"2030 新兴国家"发展战略的实施。

二 马约特岛争议

马约特岛位于莫桑比克海峡,面积 374 平方千米,与大科摩罗岛、昂儒昂岛、莫埃利岛共同组成科摩罗群岛。自 16 世纪开始,马尔加什人开始统治马约特岛和大科摩罗岛。1841 年,法国舰队在印度洋寻找港口,从当地苏丹手中购买了马约特岛。1843 年,法国七月王朝路易·菲利普国王批准了购岛计划,马约特岛正式成为法国殖民地。

马约特岛下辖 17 个市镇。据法国国家统计局 2020 年 1 月的官方统计,马约特岛人口为 279471 人。1974 年,经过全民公投,大科摩罗岛、莫埃利岛、昂儒昂岛从法国独立出来。据法国政府的统计,马约特岛经公民投票,有 63.8% 的民众支持继续维持与法国的关系。但是,科摩罗政府认为,马约特岛在地理、人种、宗教、文化上仍然是科摩罗群岛的一部分,一直宣称拥有马约特岛的主权。

1975 年 7 月 6 日,科摩罗自治政府宣布包括马约特岛在内的整个科摩罗群岛独立。11 月 12 日,联合国通过第 3385 号决议,强调必须尊重科摩罗的统一和领土完整,科摩罗群岛包括昂儒昂岛、大科摩罗岛、马约特岛和莫埃利岛。

历届科摩罗政府均未放弃对马约特岛的主权要求,非洲统一组织多次通过决议,重申马约特岛属于科摩罗领土的一部分,科摩罗政府对马约特岛拥有主权。1976 年,联合国安理会决定讨论马约特岛的主权归属问题,在当时安理会的 15 个成员国中,包括中国在内的 11 个国家支持科摩罗对马约特岛的主权要求,但作为常任理事国的法国投了否决票,决议最终未获通过。1995 年以后,联合国大会没有再讨论过马约特岛的问题。

法国的法律规定,马约特岛不是以独立国家的身份加入法围,而是属于法国领土。法国已在马约特岛行使主权 170 余年,马约特岛一直悬挂法国国旗,使用法国法定货币。法语是当地唯一的官方语言,政府机构和学校中只能使用法语。法国军队负责该岛的防务，并建有海军基地。

　　自 1995 年 1 月 20 日开始，法国单方面决定，科摩罗人需要办理签证方可进入马约特岛。2007 年 3 月，法国将马约特岛的国际电话区号由 269 变更为 262，与法国海外领地留尼汪岛相同，此举引起了科摩罗政府的强烈抗议。2008 年 5 月、6 月和 9 月，法国和科摩罗联合工作组就马约特岛和昂儒昂岛、大科摩罗岛人员往来以及签证延期等事务先后展开了三轮磋商。

　　2009 年 3 月 30 日，马约特岛再次举行全民公投，95.2% 的民众赞成在 2011 年成为法国的海外省，遭到科摩罗政府的强烈抗议。2009 年 6 月 17 日，法国部长会议通过马约特岛组织法，宣布自 2011 年 3 月起，马约特岛由"海外领地"变为法国第 101 个"海外省"。2012 年，法国推动欧盟理事会批准马约特岛获得欧盟外延区的地位。2014 年 1 月，马约特岛正式加入欧盟。

　　根据法国宪法，法国的海外属地有 5 种不同的法律地位，属地民众因此有着不同的权利义务关系。在成为法国的海外省之后，马约特岛会获得法国政府更多的财政补助，同时推行法国本土的法律，实行与法国本土相同的社会福利和医疗政策，但民众的税负也因此大幅增加。法国在马约特岛推行的转型改革遇到了不少障碍。据欧盟统计局 2019 年统计数据，马约特岛人均国民生产总值为 11354 欧元，是科摩罗三岛的 16 倍之多，但与法国人均国民生产总值（36083 欧元）存在相当差距。马约特岛的人口中约 97% 为穆斯林，只有约 3% 为基督徒（主要是天主教徒），全岛大部分民众不讲法语。由于在经济、宗教、文化、语言等方面与法国本土存在巨大差异，马约特岛的转型面临重重困难。

三　法国对科摩罗的援助

1. 教育援助

　　法国在科摩罗殖民统治期间，曾建立了一整套法式教育体系，为科摩罗带来了不同于伊斯兰神学的世俗化教育方式，但主要面向科摩罗的精英阶层。尽管自 1975 年独立后科摩罗在教育上实现了自主决策，但法式教育仍然影响着科摩罗的中小学教育体系。法国对科摩罗的教育援助主要目的在于扩大法语在科摩罗的影响力，提升法国的软实力。

2012年10月5日，科摩罗与法国签订了《科摩罗法语支持项目》（AFC）。根据项目的支持计划，法国向科摩罗提供100万欧元，旨在提高科摩罗教师和学生的法语水平。该项目实施的背景主要源于科摩罗的教师和学生的法语水平持续下降，影响到教育系统的运行效率。通过该项目的实施，法国政府旨在推动法语语言和文化在科摩罗的推广。

在教师培训方面，该项目通过多种方式推动法语硕士教学和专业实践活动，先后为数千名科摩罗教师提供为期5周的法语语言培训。培训的目标是让所有以法语为教学语言的科摩罗教师的法语水平达到欧洲语言共同参考框架（CECRL）的B2水平。此外，该项目为科摩罗教师的自我提升提供相关教学资源。莫罗尼教师培训和教育研究所（IFERE）组织相关专家，成立教学培训小组，建设远程网络培训平台。由于科摩罗互联网基础设施落后，为了便于教师学习，一些图书馆和学校也设立了远程学习公共平台供当地教师使用。

为了确保项目的可持续性，科摩罗大学法语系的数名教师协助开发建设了法语教学辅助工具，以便让教师及时了解自己的法语授课水平，同时让教科书的编写人员及时得到反馈并进行改进。

2. 医疗援助

科摩罗独立后，法国撤走了医疗团队，由此导致科摩罗医疗体系陷入瘫痪状态。后来，法国又对科摩罗进行医疗援助。主要援助措施包括提供医疗专项援款，建设和修缮医疗设施，为当地培训医护人员。

2018年12月4日，阿扎利总统接见了法国绿党环境部长瓦内女士率领的代表团。双方商谈了改善科摩罗卫生现状的问题。瓦内女士表示，法国将向科摩罗提供医疗设备，并负责培训当地技术人员，对设备进行维护保养。通过此举改善科摩罗民众的健康状况，加强科法两国在医疗卫生领域的合作。

2019年5月17日，法国开发署（AFD）通过科摩罗卫生支持项目（PASCO）向科摩罗卫生部赠送了5辆配备医疗设备的急救车，以及相关配套维修设备，以降低科摩罗的母婴死亡率。该批急救车分配给了大科摩罗岛的米萨米利医院及福卜尼医院、昂儒昂岛的洪波医院及禾玛尼卫生中心以及莫埃利岛的瓦纳尼卫生中心。在捐赠仪式上，法国驻科摩罗大使表示，自法国开发署实施 PASCO 项目（2007～2021）以来，已为科摩罗提供超过 120 亿科摩罗法郎（约合 2400 万欧元）的援款，同时援建和修缮相关医疗设施、培训当地医护人员，以支持科摩罗卫生事业的发展。此外，法国还向昂儒昂岛禾玛尼卫生中心和科摩罗明爱社团（Caritas Comores）提供专项资金支持。

第三节　与非洲国家的关系

一　与坦桑尼亚的关系

自 1975 年独立以来，科摩罗国内局势长期动荡，先后经历了 20 多次军事政变，被称为"不稳定的群岛"。作为科摩罗的重要邻国之一，东非国家坦桑尼亚一直扮演着调停者的角色，通过居间调停和斡旋，协助科摩罗稳定国内局势。同时，坦桑尼亚积极为科摩罗开辟国际发展空间。在坦桑尼亚政府的大力帮助下，科摩罗加入了非洲联盟，成为正式成员国之一。

2007 年，昂儒昂岛政治危机发生后，坦桑尼亚明确表态支持科摩罗联盟政府的立场。次年 3 月 25 日，坦桑尼亚联合苏丹等国派兵协助科摩罗政府军对昂儒昂岛采取军事行动。2008 年，坦桑尼亚在科摩罗投资建立了进出口银行（EXIM Banque），成为科摩罗国内为数不多的外资银行之一。

2006 年，坦桑尼亚和科摩罗两国外交部长签订贸易协定，为两国经贸领域的合作奠定了基础。两国成立了专门的牲畜交易中心，并通过一系列措施保障牲畜交易的规范化。2007 年，科摩罗雇主组织与坦桑尼亚对外贸易委员会签订协议，进一步细化了经贸合作细则。

2012 年 2 月 17 日，在非洲联盟的推动下，科摩罗、塞舌尔和坦桑尼亚在塞舌尔首都维多利亚共同签订了《取消海上边界协定》。2014 年，坦桑尼亚总统基奎特（Jakaya Kikwete）对科摩罗进行正式访问，重申了坦桑尼亚与科摩罗建立经济伙伴关系的重要性，并承诺加强双边经贸合作。从 2015 年开始，坦桑尼亚和科摩罗每年都会召开贸易首脑会议，两国的政府高级官员和商界人士都会出席会议，共同探讨双边贸易合作。

二 与南非的关系

科摩罗与南非在 20 世纪 80 年代曾经关系密切，但随着冷战的结束以及南非种族隔离政策的实施，南非与科摩罗的关系逐渐冷却。1989 年，科摩罗发生政变后，南非资助的雇佣军遭到驱逐，科摩罗开始转向法国寻求安全领域的援助，此后十年两国关系无太大改善。1994 年，南非关闭了在科摩罗首都莫罗尼的大使馆，南非驻科摩罗的大使由南非驻马达加斯加大使兼任。随着科摩罗和南非关系逐渐回暖，南非在 2003 年又重新任命了在科摩罗的常驻大使。

作为非洲统一组织的重要成员，南非在化解 1997 年科摩罗分离主义危机的过程中扮演了重要角色。在南非等国的协调下，大科摩罗岛、莫埃利岛、昂儒昂岛在 2000 年最终达成《丰波尼共同声明》。正是基于该协定，科摩罗联盟最终获得统一，并通过了新宪法，科摩罗联盟三岛轮值总统选举由此实现制度化。

自《丰波尼共同声明》签署以来，南非在科摩罗国内民主化进程中发挥了突出作用。南非为科摩罗在 2002 年和 2006 年的总统选举提供了财力和人力方面的支持。2002 年 5 月，南非总统姆贝基出席了科摩罗总统阿扎利的就职典礼。2005 年 12 月，在毛里求斯路易港举行的对科摩罗援助的多国圆桌会议上，南非捐助了 1 亿南非兰特给科摩罗，主要用于警察和外交部门的公务员的技能培训。

由于在解决 2008 年昂儒昂岛分离主义危机方面南非与科摩罗联盟政府存在分歧，两国关系曾一度紧张。南非希望能和平解决昂儒昂岛问题，并支持掌控着昂儒昂岛军政大权的巴卡尔上校举行选举。南非不支持针对昂儒昂岛分离主义的联合军事行动。

2012 年 6 月，南非与科摩罗签订了全面合作协定。2013 年 9 月，应科摩罗政府的请求，联合国开发计划署在南非举行了对科援助的多国圆桌会议，主要议题是为科摩罗洪灾筹集援款。南非在会后为世界粮食计划署捐助了 100 万南非兰特，用于支持科摩罗抗灾。

南非与科摩罗在卫生、教育、旅游、农业、贸易、投资、天然气、石油勘探以及环境等各个领域都开展了不同程度的合作。早在 1993 年，南非南方太阳集团（Southern Sun Group）和南非工业开发公司（Industrial Development Corporation）就在科摩罗投资建设了加拉瓦阳光度假酒店（Le Galawa），该酒店迄今仍是当地最大的酒店。此外，南非于 2012 年派出农业专家小组对科摩罗的农业发展进行评估，建议在大科摩罗岛的莫罗尼启动农业发展试点项目。为此，南非与科摩罗一道，在 2016 年向印度、巴西和南非基金会（IBSA）提交了融资提案，该试点项目于 2017 年 6 月由南非农业研究理事会（Agricultural Research Council of South Africa）负责实施。

三　与马达加斯加的关系

1975 年，科摩罗与马达加斯加正式建交，两国陆续签订了航空、海运、签证、海关和教育合作等领域的协定。两国隔海相望，民间交往密切，有不少科摩罗侨民生活在马达加斯加。1978 年，马达加斯加爆发了排挤科摩罗侨民的事件，两国关系因此一度中断。1985 年科马关系恢复正常。

1990 年 6 月，科摩罗总统乔哈尔参加了马达加斯加独立 30 周年庆典活动，此后又于 1993 年、1994 年和 1995 年访问马达加斯加，双方高层交往频繁。1996 年，塔基当选科摩罗总统，他延续了此前的对马达加斯加的外交政策，科马关系进一步发展。马达加斯加坚定支持科摩罗政府为实现国家统一所做出的努力。1999 年 10 月，"昂儒昂岛代表团"访问马达加斯加，因其中有 3 名分离主义成员，该代表团被马达加斯加政府扣留并驱逐出境。

马达加斯加在科摩罗民族和解进程中发挥了重要作用。2003 年，在马达加斯加与南非、毛里求斯的共同协调下，科摩罗政府与各岛达成了《科摩罗过渡措施协议》。马达加斯加作为非洲统一组织"马约特岛问题特别委员会"的成员国，支持科摩罗对马约特岛行使主权。

近年来，科马两国关系发展势头良好。2006 年 5 月，马达加斯加总理西拉出席桑比总统就职仪式。2007 年 11 月，科摩罗外长贾法尔访问马达加斯加。2008 年 4 月和 2011 年 2 月，科摩罗总统桑比两次访问马达加斯加。2011 年 5 月，马达加斯加最高过渡权力机构主席拉乔利纳出席伊基利卢总统就职仪式。2013 年 10 月和 12 月，科摩罗前总统阿扎利率印度洋委员会观察员代表团两次赴马达加斯加观察大选。2016 年 3 月，科摩罗总统伊基利卢访问马达加斯加。同年 11 月，科摩罗总统阿扎利赴马达加斯加出席第 16 届世界法语国家峰会。

四　与毛里求斯的关系

1984 年，科摩罗与毛里求斯建交。两国签有卫生和文教合作等协定。1999 年 4 月，科摩罗发生军事政变后，毛里求斯予以谴责并停止了对科摩罗的援助。毛里求斯还积极响应非洲统一组织的呼吁，对昂儒昂岛采取禁运等制裁措施。

2003 年，毛里求斯同马达加斯加、南非共同推动科摩罗联盟政府与三岛达成《科摩罗过渡措施协议》。2004 年 10 月，阿扎利总统访问毛里求斯。2005 年 12 月，对科援助圆桌会议在毛里求斯举行。2007 年 11 月，毛里求斯资助科摩罗 30 万美元，帮助其偿还非洲开发银行的债务。2007 年昂儒昂岛危机出现后，马达加斯加、毛里求斯、塞舌尔等科摩罗邻国举行多次地区外长会议，对科摩罗联盟政府立场表示支持。2010 年以来，科摩罗开始积极向毛里求斯学习经济建设经验，两国各层次交往日益密切。

第四节　与阿拉伯国家的关系

科摩罗历届政府均十分重视与阿拉伯国家的关系，通过大力推行伊斯兰化，努力融入阿拉伯伊斯兰世界。1993 年 9 月，科摩罗加入了阿拉伯国家联盟。2003 年 4 月，科摩罗加入了阿拉伯货币基金组织。科摩罗政府将争取阿拉伯国家的支持与援助作为外交工作的重点。

一 与卡塔尔的关系

2010 年 4 月 22 日，时任卡塔尔国王哈马德访问科摩罗，成为第一位正式访问科摩罗的阿拉伯国家元首。哈马德国王向科摩罗提供了 2000 万欧元的援助，用以支付科摩罗政府公务员的工资。2010 年 3 月，科摩罗和卡塔尔在多哈召开了支持科摩罗联盟发展与投资会议，阿拉伯国家承诺为科摩罗提供 5.4 亿美元的援助和投资项目。2010 年，卡塔尔慈善机构成为第一个在科摩罗首都莫罗尼开设办事处的外国慈善机构。该慈善机构投入大量资金用于整修莫埃利岛上的卫生诊所和学校。

2014 年，科摩罗和卡塔尔互设大使馆，两国外交进入实质性阶段。2014 年 1 月，科摩罗任命了其第一任驻卡塔尔大使哈吉·阿卜杜拉·阿卜杜勒哈米德。卡塔尔驻科摩罗的首任大使穆巴拉克·本·阿卜杜勒·拉赫曼·阿尔·纳赛尔于 2014 年 11 月向科摩罗总统递交国书。

2017 年 6 月 5 日，沙特、埃及、巴林、阿联酋四国宣布与卡塔尔断绝外交关系，并对卡塔尔实施禁运封锁。受断交风波的影响，2017 年 6 月 7 日，科摩罗宣布与卡塔尔断绝外交关系。卡塔尔于 6 月 19 日驱逐了科摩罗在该国的代表。科摩罗前总统艾哈迈德·桑比谴责了科摩罗与卡塔尔断绝关系的决定，称卡塔尔是一个"友好国家"。

在科卡两国断交后，据当地媒体报道，两个卡塔尔慈善机构暂停了在科摩罗的资助活动，同时暂扣了用于资助昂儒昂岛在建医院项目的 3700 万美元，这对科摩罗的医疗慈善事业发展产生了一定的消极影响。

二 与沙特的关系

2013 年，沙特促进科摩罗发展与投资阿拉伯委员会代表团访科，与科摩罗在种植业、渔业、旅游业等领域达成多项合作协议。2015 年 9 月，沙特宣布将为科摩罗援建 10 所中学并向科摩罗提供 500 万美元的援助。2016 年 3 月，科摩罗总统伊基利卢访问沙特。2016 年 1 月，宗教问题导致沙特与伊朗两国关系急剧紧张。与此同时，科摩罗外交与国际合作部宣布召回驻伊朗大使，并表示科摩罗与沙特拥有共同的立场和友谊。2016

年 7 月，科摩罗总统阿扎利访问沙特，与沙特国王举行会谈，并与沙特政府在能源、水利等方面签订多项合作协议。2016 年底，应科摩罗政府要求，沙特阿拉伯政府决定通过该国发展基金会（SFD）向科摩罗政府提供 2200 万欧元的无偿援助，用于修建大科摩罗岛上机场到 Qalawa 的道路（23 千米）以及昂儒昂岛上 Dundee 到 Langoni 的道路（12 千米）。该项目由中国地质工程集团公司承接，2017 年 10 月开工，已于 2019 年底完工。

2017 年 6 月科摩罗宣布与卡塔尔断交后，科摩罗总统阿扎利赴沙特访问，受到了高规格接待，并同沙特国王萨拉曼会见，双方就援助问题达成了相关协议。据科摩罗《祖国报》的报道，2018 年 11 月 30 日，沙特派出一支非政府组织专家队，调查三岛的卫生机构运行状况，了解当地卫生发展现状，提出了提高科摩罗卫生体系工作效率的建议。沙特驻科摩罗大使馆临时代办瓦利德·赛义卜表示，沙特将继续向科摩罗提供援助，修缮科摩罗当地已有医院，修建附属配套设施并向其提供符合世界卫生组织标准的医疗设备，以改善科摩罗医疗卫生状况。

第五节　与美国的关系

1977 年 8 月 15 日，美国承认科摩罗共和国。美科发表联合公报，宣布两国正式建立外交关系。1985 年 8 月 26 日，美国在科摩罗首都莫罗尼设立使馆。1990 年 9 月 30 日，美国向科摩罗派出第一位常驻大使。1993 年 9 月，美国撤销了驻科摩罗使馆编制，由美国驻马达加斯加大使兼任驻科摩罗的大使。2019 年 1 月，迈克尔·彼得·佩莱蒂埃（Michael Peter Pelletier）被任命为新一任美国驻马达加斯加共和国和科摩罗联盟大使。

从 1988 年开始，美国向科摩罗派驻维和部队，帮助科摩罗政府培训军官、安全官员和海关官员，同时协助科摩罗发展海上防卫力量。1997 年，科摩罗爆发昂儒昂岛分离主义危机，美国总统克林顿致信科摩罗总统塔基，表示美国支持科摩罗维护国家统一和领土完整。1999 年 4 月，阿扎利上校发动军事政变，推翻了塔基丁总统，终止宪法，解散议会。军事政变后，美国政府于 1999 年 6 月开始对科摩罗实施制裁，暂停对科的军事援助。2007 年 6 月，昂儒昂岛领导人巴卡尔举行地方选举，引发政治危机。昂儒昂岛危机发生后，美国支持科摩罗政府对巴卡尔采取行动，并为科摩罗军队提供药品。2014 年 8 月，伊基利卢总统赴美出席美非峰会。

2015 年 9 月，科摩罗和美国签订反恐合作协议。美国帮助科摩罗在机场、海关建立身份鉴定安防系统。美国的这一举动主要是为了防止科摩罗成为法祖尔（出生于科摩罗）等恐怖分子的避难所。然而，法国政府对与科摩罗合作反恐并不感兴趣，因此分离主义运动以法国实际控制的马约特岛为基地开展活动。

科摩罗对美国的出口额大约占到总出口额的 1/5，香料是主要的出口商品。美国与东部和南部非洲共同市场（COMESA）签订了贸易协定，科摩罗也是其中的成员国。根据美国的《非洲增长与机会法案》（AGOA），科摩罗享受与美国的贸易优惠。

第六节　与印度的关系

1976 年 6 月，科摩罗与印度正式建立外交关系。近年来，印度将科摩罗群岛作为其"亚非增长走廊"的重要战略据点之一。根据印度外交部的统计数据，现有大约 200 多名印度侨民在科摩罗从事商贸活动。在贸易方面，印度主要向科摩罗出口肉制品、谷物、服装、纺织品和工程机械等，从科摩罗主要进口丁香、胡椒和肉豆蔻等香料和回收钢铁。

自建交以来，科印两国政府高层互访直到 2004 年才开始运行。2004 年 8 月，科摩罗外交与国际合作部部长穆罕默德·艾拉明访问印度，是首位访问印度的科摩罗高级官员。2007 年 11 月，科摩罗总统桑比访问印度。2011 年 5 月，印度外交部秘书长辛格访问科摩罗，是第一位访问科摩罗的印度政府高级官员。

2012 年 4 月，科摩罗遭遇了强烈暴雨灾害，印度政府向科摩罗政府捐款 10 万美元用于赈灾。2013 年 2 月 22 日，科摩罗政府与印度进出口银行签订了一项优惠信贷协议，计划在莫罗尼建设一座价值 4160 万美元的 18 兆瓦发电厂。印度海外基础设施联盟（OIA）和巴拉特重型电气有限公司（Bharat Heavy Electricals Ltd.）组成的联合财团中标，发电厂已于2015年7月18日完工并投入运营。

2015年10月，科摩罗总统伊基利卢出席了在新德里举行的第三届印非论坛峰会，并于10月29日与印度总理莫迪举行了双边会谈。印度向科摩罗提供3500万美元的软贷款，可用于科摩罗政府选定的任何发展项目。此外，莫迪总理邀请科摩罗加入国际太阳能联盟。

2019年10月，印度副总统文卡亚·奈杜访问科摩罗并与科摩罗总统阿扎利共同签署了包含防务合作、卫生医疗、文化艺术、远程教育、远程医疗和外交人员免签在内的6项谅解备忘录。

第七节　与日本的关系

日本于1977年11月14日承认科摩罗共和国独立，但相关资料显示两国并未正式建交。日本在科摩罗未设大使馆，科摩罗相关领事由日本驻马达加斯加大使馆兼管。科摩罗于2018年6月在东京设立了名誉领事馆。根据日本外务省统计，科摩罗2018年对日本出口额为1200万日元，同年日本对科摩罗出口额为2.43亿日元。

2008年，在第四次非洲开发会议（TICAD）上，日本表示将加强与非洲各国在农业和食品领域的合作。2012年，日本与科摩罗的粮食合作开始走向实质化。同年1月，日本与科摩罗签订了粮食无偿援助计划，此后日本对科摩罗进行过多次粮食援助（见表7-1）。现在，日本是科摩罗的主要粮食援助国之一。随着日本对科摩罗援助的开展，近年来日本与科摩罗之间的高层交往日益密切。

表7-1　日本对科摩罗粮食无偿援助计划

单位：亿日元

2012年	2013年	2015年	2017年	2018年	2019年
3.7	2.7	2.3	1.9	6.7	2.0

资料来源：日本外务省2012~2019年统计资料。

据日本外务省的统计，科摩罗政府官员对日本的访问大多是非正式访问。科摩罗总统阿卜杜拉曼曾于 1987 年 4 月对日本进行了非正式访问。2008 年 5 月，科摩罗总统桑比来日本参加了第四届东京非洲发展国际会议。2012 年 4 月，科摩罗遭遇了强烈暴雨灾害，日本政府向科摩罗援助了价值 1000 万日元左右的救灾物资。2013 年 6 月，科摩罗总统伊基利卢来日本参加了第五届东京非洲发展国际会议，在横滨与日本首相安倍晋三进行了会谈。2018 年 8 月，日本政府外务副大臣佐藤正久访问科摩罗，他是第一位正式访问科摩罗的日本政府高级官员。

近年来，为扩大在印太地区的影响力和话语权，日本日益重视发展与科摩罗等印度洋岛国的关系。2019 年 8 月，科摩罗总统阿扎利参加第七届东京非洲发展国际会议，在会后与日本首相安倍晋三会谈。安倍晋三表示，日本将推动印度洋海洋发展的"自由开放"，支持科摩罗的海洋安全工作。同年 12 月，日本向科摩罗政府提供了价值 3 亿日元的警备用高速船，以保障科摩罗的海洋安全。

日本与科摩罗的民间交往较少。据日本外务省 2018 年 6 月的统计数据，科摩罗的日本侨民仅 3 人，而在日本的科摩罗侨民也仅有 2 人。两国间有记载的民间交往主要是 1986 年日本民间腔棘鱼学术考察队和鸟羽水族馆在科摩罗近海展开的考察活动，此次考察在科摩罗政府的协助下找到了 5 条腔棘鱼。

第八节　与中国的关系

一　中国与科摩罗关系简史

中国与科摩罗之间的联系可追溯至古代。[①] 科摩罗曾发现中国唐朝的瓷片，昂儒昂岛也出土过两片南宋时的中国青瓷。1894 年，共 54 名中国

---

① 根据元代航海家汪大渊《岛夷志略》记载，中国古代曾向"甘埋里"（美国学者柔克义认为"甘埋里"是科摩罗群岛的古地名）出口过青白瓷花器、红色烧珠、瓷瓶等。

人来到法属非洲，其中就包括科摩罗群岛，不过他们只到了群岛中的马约特岛。

1975年7月6日，科摩罗宣布独立。中华人民共和国总理周恩来于同月12日致电科摩罗领导人艾哈迈德·阿卜杜拉曼，承认科摩罗建国并祝贺该国独立。1975年11月13日，中华人民共和国与科摩罗正式建交，是首个与科摩罗建立外交关系的国家。中华人民共和国常驻联合国代表黄华和科摩罗外交事务代表阿里·塔希尔共同签署了外交公文，内容如下：

> 中华人民共和国政府和科摩罗国全国执行委员会，根据两国的利益和愿望，通过友好协商，一致决定建立大使级外交关系。
>
> 中华人民共和国政府支持科摩罗国全国执行委员会维护民族独立、国家主权、领土完整和发展民族经济的斗争。
>
> 科摩罗国全国执行委员会承认中华人民共和国政府是代表全中国人民的唯一合法政府。
>
> 两国政府同意在互相尊重主权和领土完整、互不侵犯、互不干涉内政、平等互利、和平共处的原则基础上发展两国之间的友好合作关系。

1996年6月2日，中国首任常驻科摩罗大使徐代杰向科摩罗总统塔基递交国书。中科友好合作关系继续稳步发展，科摩罗多任总统来华进行过国事访问，两国政府高级官员互访频繁，中科陆续签订了多份经济、科技、文化等多领域的合作协定。

1996年12月16~22日，应中国国家主席江泽民的邀请，科摩罗总统塔基首次对中国进行国事访问。江泽民主席与塔基总统会谈，李鹏总理陪同会见。访问期间，两国签订了《中华人民共和国政府和科摩罗伊斯兰联邦共和国政府经济技术合作协定》。2003年6月18~23日，科摩罗联盟总统阿扎利对中国进行国事访问。中国国家主席胡锦涛与阿扎利举行会谈，全国人大常委会委员长吴邦国和国务院总理温家宝分别会见。访问期间，双方签订了《中华人民共和国政府和科摩罗联盟政府经济技术合作协定》和《中华人民共和国政府和科摩罗联盟政府关于派遣中国医疗队赴科摩罗工作的议定书》。2007 年 11 月 9～14 日，科摩罗总统桑比来华休假。外交部部长助理翟隽代表中国政府在深圳会见了桑比一行。桑比总统高度评价了中国经济建设成就，感谢中方多年来的无私援助，重申科摩罗将继续奉行一个中国政策。桑比总统还赴广州、佛山、东莞参观访问。2016 年 2 月 26 日，中科两国缔结了外交、公务、普通护照互免签证协定。

2018 年 9 月 1 日，中国国家主席习近平在人民大会堂会见科摩罗总统阿扎利。习近平主席指出，中国是第一个同科摩罗建交的国家。建交以来，中科关系发展顺利，堪称大小国家平等相待、团结合作的典范。中国愿同科摩罗一道，在中非合作论坛和中阿合作论坛框架内加强两国各领域友好合作，把双边关系提升到更高水平。中国愿将"一带一路"倡议同科摩罗"2030 新兴国家"发展战略对接，继续为科摩罗实现自主可持续发展提供力所能及的帮助。阿扎利总统表示，中国长期以来为科摩罗经济发展和民生事业提供了实实在在的帮助。科摩罗坚定奉行一个中国政策，支持中国国家统一大业，将继续在国际事务中同中国相互支持。科摩罗赞赏并支持习近平主席提出的"一带一路"倡议，相信它将为非洲和中国实现合作共赢提供助力。

2019 年 6 月 25 日，国家发改委副主任宁吉喆会见来华出席中非合作论坛北京峰会成果落实协调人会议的科摩罗联盟外交与国际合作部秘书长阿苏玛尼。双方正式签署了《中华人民共和国政府与科摩罗联盟政府关于共同推进丝绸之路经济带和 21 世纪海上丝绸之路建设的谅解备忘录》。

二 经贸关系

建交以来，中科两国的经贸往来和经济技术合作一直处于稳步发展的态势。自 1996 年以来，两国先后签订了 10 余份经济技术合作协定。在双边贸易方面，由于科摩罗基础设施落后，交通不便，市场规模有限，中科双边贸易额较小。据中国海关统计数据，2019 年中科双边贸易额为 7371.7 万美元，其中中国对科摩罗出口 7368.5 万美元（见表 7-2）。根据中科两国的协定，中方从 2015 年 12 月 10 日开始给予科方 97% 的产品零关税的待遇。

据中国海关统计，中国对科摩罗出口商品主要类别包括：①船舶及浮动结构体；②电机、电气、音像设备及其零附件；③机械器具及零件；④车辆及其零附件，但铁道车辆除外；⑤洗涤剂、润滑剂、人造蜡、塑型膏等；⑥钢铁制品；⑦家具、寝具等，灯具，活动房；⑧塑料及其制品；⑨木及木制品，木炭；⑩盐、硫黄、土及石料，石灰及水泥等。自2000年以来，中国产品已逐步占据科摩罗市场，随着科摩罗国内基础设施建设的推进，中国的通信技术产品和机械设备出口成为中国对科摩罗贸易的重点。根据中国海关统计，中国从科摩罗进口商品主要包括洗涤剂、润滑剂、人造蜡、塑型膏等。中国每年从科摩罗进口商品总值只有4万美元左右。

表7-2　2015～2019年中科贸易数据

单位：万美元

	2015年	2016年	2017年	2018年	2019年
贸易总额	4729.8	4836.8	6779.6	7922.4	7371.7
增长率（%）	16.2	2.3	40.2	16.9	-7.0

资料来源：中华人民共和国海关总署。

在对科摩罗投资方面，据中国商务部统计，2018年中国对科摩罗直接投资流量93万美元。截至2018年末，中国对科摩罗直接投资存量为545万美元。据中国商务部和中国驻科摩罗大使馆的统计，中国企业在科摩罗承揽的项目以建筑、供水和公路建设为主。2018年，中国企业在科摩罗新签承包工程合同5份，合同额为6808万美元；累计派出各类劳务人员91人。2018年新签大型工程项目主要包括沈阳国际经济技术合作公司承建的科摩罗国立马鲁夫中心医院新建项目、中国地质工程集团公司承建的大科摩罗岛Ikoni-Mouandzara标段及昂儒昂岛Domoni标段公路修复项目。中国地质工程集团公司在大科摩罗岛实施的项目还有由科摩罗政府出资的Volovolo市场、Telma电信总部及伊桑德拉市公路修复工程。

三　中国对科摩罗的援助

自 1976 年起，中国开始向科摩罗提供援助，包括无偿援助和各类贷款，援建项目涵盖了交通、电信、教育、医疗、广电、供水、电力、农业等多个领域，代表性项目包括科摩罗人民宫、政府办公楼、总统官邸、莫罗尼国际机场新航站楼、尼乌马克莱供水工程和广播电视大楼等。

在医疗援助方面，中国自 1994 年起先后向科摩罗派出 13 批医疗队，共 143 人次。2002 年 6 月，在科摩罗联盟总统阿扎利对中国进行国事访问期间，中科双方签订了《中华人民共和国政府和科摩罗联盟政府关于派遣中国医疗队赴科摩罗工作的议定书》。2019 年，有 10 名中国医生和 1 名翻译分别在大科摩罗岛的埃尔马鲁夫医院、昂儒昂岛的洪波医院和莫埃利岛丰波尼医院工作。

中国对科摩罗的疟疾防治做出了巨大贡献。广州中医药大学青蒿素抗疟团队承担起科摩罗复方青蒿素快速清除疟疾项目，从个体治疗扩展到群体药物干预，复方青蒿素用于疟疾防控获得了巨大成功。该项目先后于 2007 年、2012 年和 2013 年在莫埃利岛、昂儒昂岛和大科摩罗岛实施，超过 220 万人次参加全民服药，3 万多外来流动人口参加预防服药。2014 年，实现了疟疾零死亡，科摩罗的疟疾感染率从 2006 年的每千人 142 人，下降为每千人 2.8 人。该项目使数以万计的科摩罗人民从中受益，同时受到了国际社会的高度关注和认可。2013 年，受科摩罗总统伊基利卢之托，时任副总统兼卫生部长福阿德·穆哈吉专程前往广州中医药大学，向李国桥和宋健平教授授予科摩罗总统奖章，以表彰他们为科摩罗抗击疟疾做出的重大贡献。

2019 年 6 月 13 日，中华人民共和国驻科摩罗联盟大使何彦军和科摩罗卫生部长哈施德·穆罕默德·穆巴哈卡·法特玛博士签署了援科药品和器械交接证书。此次捐赠的药品和器械价值 80 万元人民币（约合 5200 万科摩罗法郎）。中科双方均表示，交接仪式见证了两国在卫生领域的友好合作，也标志着中科关系更上一层楼。

在军事援助方面，2016 年 8 月，中国向科摩罗援助了一批军用车辆及物资，以帮助科摩罗军方参与东非维和快速反应部队的组建，与其他东部非洲国家一道，打击极端恐怖势力。科摩罗国防部长阿里表示科摩罗军方的发展和进步离不开中国的无私援助，无论是军事装备或是军事培训合作，科摩罗军方将继续加强同中国的合作，维护东部非洲的和平与稳定。

四　文教合作

中科双方先后于 1985 年和 2006 年两次签订文化合作协定。自 20 世纪 90 年代开始，双方文化互访频繁，中方多次在科摩罗举办电影周、手工艺品展览等活动。中国各文艺团体多次赴科摩罗访问演出，如中国广州艺术团（1997 年）、中国吉林民乐团（2001 年）、中国杂技团（2005年）、大连大学巡演表演团（2015 年）等，受到当地民众的热烈欢迎。

2014 年 5 月，大连大学与科摩罗大学共同签订了《大连大学与科摩罗大学关于合作建设科摩罗大学孔子课堂的执行协议》。同年 7 月 1 日，科摩罗大学孔子课堂举行揭牌仪式。中国驻科摩罗大使肖明、科摩罗教育部长穆罕默德、科摩罗大学校长哈沙迪、课堂中方教师等出席仪式。经过四年的建设，科摩罗大学孔子课堂升格为孔子学院。2018 年 9 月 1 日，在习近平主席和阿扎利总统的见证下，中国国务委员兼外交部长王毅与科摩罗联盟外交与国际合作部长苏埃夫共同签订了《关于合作设立科摩罗大学孔子学院的协议》，授权并委托大连大学作为中方具体执行机构，与科摩罗大学合作建设孔子学院。孔子学院设立了汉语专业，定期举办中国传统文化活动，推出少林武术品牌项目，开设中医针灸按摩课程，受到当地学生和民众的欢迎。

从 1982 年开始，中国政府每年向科摩罗提供奖学金名额。据教育部统计，截至 2017 年底，中国共向 168 名科摩罗留学生提供奖学金。2017年科摩罗在华留学生 296 名，其中中国政府奖学金生 52 名。中国为科摩罗的各行各业培养了一批高层次人才，为科摩罗实施"2030 新兴国家"发展战略提供了重要的智力支持。

大事纪年

公元初年　　　阿拉伯人来到科摩罗群岛，从事经商活动。马来－印度西亚人在迁往马达加斯加途中到达科摩罗群岛。他们成为群岛早期居民。

5～6 世纪　　　东非民族陆续移居科摩罗群岛。

7 世纪　　　　首批阿拉伯穆斯林来到科摩罗群岛，伊斯兰教开始传入。

8～11 世纪　　登伯尼时期，9 世纪出现早期政权贝贾，11 世纪出现早期政权法尼，各岛均形成了村庄，社会等级和贫富差异不大，贸易较为活跃。

975 年　　　　波斯设拉子王子哈桑·伊本·阿里和他的六个儿子分乘 7 艘大船从波斯南部出发，来到东非海岸，以基尔瓦为中心，建立了僧祇帝国，在昂儒昂岛上建立了居民点。

13 世纪末　　　基尔瓦王朝发生政变，希拉齐王子流亡大科摩罗岛。

15 世纪　　　　阿拉伯人和波斯人大量移民群岛，建立了一批逊尼派穆斯林的苏丹政权。这些政权散布各岛，常年混战，在此后较长一段时间内，名义上处于昂儒昂岛苏丹政权的统治之下。

16 世纪　　　　葡萄牙、英国等西方国家先后来到科摩罗群岛。

18 世纪　　　　科摩罗群岛频遭马达加斯加萨卡拉瓦人袭击，大量人口被掳掠为奴隶，马约特岛人口急剧减少。

1841 年	法属留尼汪岛总督派官员到群岛与苏丹谈判归属问题。
1843 年	马约特岛被法国兼并,法国从留尼汪岛向该岛移民。
1886 年	法国将其他三岛(昂儒昂岛、莫埃利岛、大科摩罗岛)置于其"保护"之下。
1894 年	华人首次到达马约特岛。
1904 年	法国在科摩罗废除奴隶制。
1908 年	四个岛屿统一在马约特岛殖民地下,成为法国马达加斯加殖民地的一部分。
1912 年	废除苏丹制,最后一位苏丹退位,法国建立科摩罗群岛殖民地,在马约特岛藻德济建立首府。
1914 年	科摩罗划归法国驻马达加斯加殖民当局管辖,成为马达加斯加的一个省。
1915 年	大科摩罗岛乔马尼村因征税问题发生暴乱,后扩展到巴德吉尼省和瓦西里省。
1940 年	昂儒昂岛因政府征用种植园劳动力,引发工人大罢工和武力袭击。
1942 年	四岛被英国占领,后于 1946 年 10 月重归法国。
1946 年	科摩罗成为法属海外领地。
1947 年	法国政府制订科摩罗群岛殖民地的第一个四年发展计划。
1951 年	法国政府制订科摩罗群岛殖民地的第二个四年发展计划。
1955 年	法国政府制订科摩罗群岛殖民地的第一个五年发展计划。
1956 年	科摩罗海外领地时期首届领地议会成立。
1957 年	科摩罗海外领地时期首届政府委员会成立。
1958 年	10 月科摩罗就独立问题举行首次公投,经四岛投票决定保留法国"海外领地"地位。
1960 年	法国政府制订科摩罗群岛殖民地的第二个五年发展

计划。

1961 年	12 月科摩罗取得内部自治,成为法国"海外自治领地"。赛义德·穆罕默德·谢赫当选科摩罗自治政府首任主席。首府从藻德济迁到大科摩罗岛的莫罗尼。
1962 年	科摩罗自治政府、自治领地立法议会成立。
1963 年	民族主义政党"科摩罗民族解放运动"成立。
1968 年	艾哈迈德·阿卜杜拉·阿卜杜拉曼与谢赫共同创建科摩罗民主联盟。政党"科摩罗人民民主大会"成立。2~3 月,科摩罗青年学生带领群众在首府莫罗尼市举行大规模游行示威,反对法国殖民统治。
1972 年	12 月 22 日,科摩罗向法国正式提出独立要求,24 日阿卜杜拉曼担任自治政府委员会主席。阿里·萨利赫与赛义德·易卜拉欣共同创建人民党。
1973 年	6 月 15 日,阿卜杜拉曼同法国政府签署关于科摩罗于五年后实现独立的同时与法国保持友好关系的联合声明。
1974 年	9 月,萨利赫组建科摩罗民族统一阵线,主张科摩罗彻底独立。12 月,科摩罗举行公民投票,昂儒昂岛、莫埃利岛、大科摩罗岛民众赞成独立,马约特岛要求保留为法国的海外领地。
1975 年	7 月 6 日,科摩罗议会正式宣布科摩罗群岛独立,成立科摩罗共和国。7 月 12 日,周恩来总理致电科摩罗领导人艾哈迈德·阿卜杜拉曼,承认科摩罗建国并祝贺该国独立。8 月 3 日,萨利赫等人发动政变,推翻阿卜杜拉曼政权,成立全国执行委员会,赛义德·穆罕默德·贾法尔亲王任国家元首。11 月 12 日,科摩罗正式成为联合国第 143 个会员国。13 日,中华人民共和国与科摩罗正式建交,成为首个与科摩罗建立外交关系的国家。12 月,法国承认科摩罗独立。
1976 年	1 月,萨利赫当选总统。2 月,马约特岛举行公民投

票，决定保持与法国的关系。10 月，科摩罗成为世界银行成员。12 月，马达加斯加发生骚乱，约 1.7 万名科摩罗侨民被遣返回国。

1977 年	7 月，卡尔塔拉火山爆发，大约 2000 人流离失所。8 月，美国和科摩罗发表联合公报，两国正式建立外交关系。
1978 年	5 月，前总统阿卜杜拉曼发动政变推翻萨利赫政权。10 月 1 日，公民投票通过新宪法，规定以伊斯兰教为国教，实行联邦制，22 日改国名为科摩罗伊斯兰联邦共和国，25 日阿卜杜拉曼当选总统。11 月 13 日，科摩罗与法国签订了一揽子合作协定，两国关系有所好转。
1979 年	1 月，联邦议会通过法案，宣布科摩罗为一党制国家。
1983 年	5 月，科摩罗进步联盟重建（又称乌吉玛党，UCP，1972 年建立），为其国内唯一合法政党。
1984 年	9 月，阿卜杜拉曼再次当选总统。
1985 年	阿卜杜拉曼总统取消政府总理职务，总统兼任政府首脑。马达加斯加、毛里求斯和塞舌尔同意接纳科摩罗为印度洋委员会（IOC）的第四名成员。
1989 年	11 月，阿卜杜拉曼总统被刺杀，最高法院院长任临时国家元首。
1990 年	3 月 20 日，赛义德·穆罕默德·乔哈尔当选总统，组建第一个多党联合政府。
1992 年	6 月，公民投票通过新宪法。11～12 月，举行联邦议会选举，哈立迪·阿卜杜拉曼·易卜拉欣被任命为总理。
1993 年	5 月，哈立迪被免职。6 月，乔哈尔总统解散议会。10 月，申请加入阿拉伯国家联盟成功。12 月，举行

新联邦议会选举，阿卜杜·马迪任总理。

1995 年   9 月，前总统卫队队长鲍勃·德纳尔发动军事政变，乔哈尔总统被囚。10 月，卡阿比·亚克鲁图·穆罕默德成立民族团结过渡政府。11 月，乔哈尔获释后在留尼汪宣布成立合法政府，科摩罗出现两个政府共存局面。

1996 年   1 月，总统派和总理派在马达加斯加召开民族和解会议，实现和解。3 月，科摩罗保卫民主全国联盟领导人穆罕默德·塔基·阿卜杜勒卡里姆当选总统。塔基就职后解散议会。6 月，中国首任常驻科摩罗大使徐代杰向科摩罗总统塔基递交国书。10 月，科摩罗通过新宪法，加强中央权力，削弱岛屿权力。12 月，应中国国家主席江泽民的邀请，科摩罗总统塔基首次对中国进行国事访问，两国签订了《中华人民共和国政府和科摩罗伊斯兰联邦共和国政府经济技术合作协定》。

1997 年   昂儒昂岛发生骚乱，10 月宣布独立。8 月，科摩罗总统府秘书长艾哈迈德·阿卜杜拉·马哈默德访问中国。10 月，中国援助科摩罗和平宫改、扩建工程交接证书仪式在和平宫举行。

1998 年   4 月，中国对外贸易经济合作部部长助理杨文生率政府经贸代表团对科摩罗进行正式访问，与科摩罗外长签订中科经济技术合作协定，并就电视中心项目进行换文。11 月，塔基病逝，宪法法院院长塔基丁·本·赛义德出任代总统。

1999 年   4 月 19 ~ 23 日，科各岛和各党派召开岛际会议并达成《塔那那利佛协议》，决定成立科国家联盟。4 月 30 日，科军参谋长阿扎利·阿苏马尼上校发动军事政变推翻塔基丁总统，终止宪法，解散议会，停止政府及司法各部门的一切工作。5 月，颁布过渡时期宪章，阿扎利就任国家元首。

2000 年 　　　8 月，阿扎利与昂儒昂岛领导人阿贝德签署《丰波尼共同声明》，原则同意进行民族和解，决定成立带有邦联性质的"科摩罗新集体"。中国对外贸易和经济合作部部长助理何晓卫率中国政府经贸代表团访问科摩罗，与科外交与国际合作部部长签署了中科经济技术合作协定和关于中国向科摩罗提供广播电视发射和节目制作设备的换文。

2001 年 　　　2 月，科摩罗政府、反对党、昂儒昂岛当局、各岛代表及非洲统一组织等 9 方签订《科摩罗和解框架协议》。8 月，中科签订《中华人民共和国政府和科摩罗伊斯兰联邦共和国政府关于免除科摩罗政府部分债务议定书》。12 月 23 日，科通过新宪法草案，决定成立科摩罗联盟。12 月 26 日，中科签订《中华人民共和国政府和科摩罗伊斯兰联邦共和国政府经济技术合作协定》。

2002 年 　　　3 ~ 4 月，科摩罗举行大选，阿扎利当选总统。12 月，中国外交部领导成员乔宗淮对科摩罗进行工作访问，双方签订了《中华人民共和国政府和科摩罗联盟政府经济技术合作协定》。

2003 年 　　　6 月 18 ~ 23 日，科摩罗联盟总统阿扎利对中国进行国事访问，双方签订《中华人民共和国政府和科摩罗联盟政府经济技术合作协定》和《中华人民共和国政府和科摩罗联盟政府关于派遣中国医疗队赴科摩罗工作的议定书》。12 月 20 日，科联盟政府与除马约特岛外的三岛达成《科摩罗过渡措施协议》。科摩罗第一所大学科摩罗大学成立。

2004 年 　　　1 月 6 ~ 7 日，中国外交部长李肇星对科摩罗进行正式访问，双方签订《中华人民共和国政府和科摩罗联盟政府经济技术合作协定》。

2005 年　　　　国民议会和宪法法院先后审议通过了《中央和地方政府组织法》《选举法》。1 月，阿扎利总统对法国进行正式访问，成为第一位正式访法的科摩罗总统。法方宣布恢复对科发展援助。

2006 年　　　　5 月，昂儒昂岛独立候选人艾哈迈德·阿卜杜拉·穆罕默德·桑比当选科摩罗联盟总统。中国援建的科摩罗国家电视台正式开播。7 月 31 日至 8 月 2 日，中国文化部副部长赵维绥率中国政府文化代表团访问科摩罗，双方签订《中华人民共和国政府和科摩罗联盟政府文化合作协定》。

2007 年　　　　中国政府在科摩罗开始实施复方青蒿素快速消除疟疾项目。12 月，由中方援建的哈哈亚国际机场项目顺利通过验收。

2008 年　　　　3 月，科摩罗联盟军政府与非洲联盟军队联合攻打昂儒昂岛，叛乱首领巴卡尔逃亡。5 月 17～19 日，中国商务部副部长高虎城率领中国政府经贸代表团访问科摩罗，双方签订《中华人民共和国政府和科摩罗联盟政府经济技术合作协定》。7 月，托伊卜当选昂儒昂岛主席。

2009 年　　　　3 月，马约特岛举行公民投票，通过 2011 年马约特岛成为法国海外省的计划。5 月，通过科摩罗宪法修正案。10 月，中国援建科摩罗的抗疟中心举行挂牌仪式。12 月，科摩罗举行全国立法选举。

2010 年　　　　5 月 25 日，桑比宣布成立过渡政府。11～12 月，伊基利卢·杜瓦尼纳当选为科摩罗联盟总统。

2011 年　　　　5 月 26 日，伊基利卢就任联盟总统。

2012 年　　　　12 月，国际货币基金组织和世界银行为科摩罗提供 1.76 亿美元的债务减免。

2013 年	中国中央电视台和中国国际广播电台在科落地。
2014 年	7 月，科摩罗大学孔子课堂举行揭牌仪式。8 月，伊基利卢总统赴美出席美非峰会。12 月，中国和科摩罗签订成立经济、贸易和技术合作联合委员会的协议。
2016 年	4 月，阿扎利再次当选联盟总统。
2017 年	6 月，科摩罗与卡塔尔断交。7 月，科摩罗政府提出"2030 新兴国家"发展战略。科摩罗正式成为世界旅游组织（OMT）成员国。
2018 年	2 月，科摩罗举行全国对话协商大会。7 月，科摩罗举行修宪公投。8 月，阿扎利总统签署行政令，重组内阁。9 月，中国国家主席习近平会见科摩罗联盟总统阿扎利，两国签订《中华人民共和国政府和科摩罗联盟政府经济技术合作协定》和《关于合作设立科摩罗大学孔子学院的协议》。12 月，中科签订了"关于中国向科摩罗提供优惠贷款的框架协议"，用于实施固定移动融合网络现代化项目。
2019 年	3 月，阿扎利总统成功获得连任。6 月，中科双方正式签署《中华人民共和国政府与科摩罗联盟政府关于共同推进丝绸之路经济带和 21 世纪海上丝绸之路建设的谅解备忘录》。

参考文献

一 中文参考文献

〔肯尼亚〕B. A. 奥戈特主编《非洲通史》（第 5 卷），李安山等译，中国对外翻译出版公司，2013。

〔埃及〕G. 莫赫塔尔主编《非洲通史》（第 2 卷），李安山等译，中国对外翻译出版公司，2013。

〔摩洛哥〕M. 埃尔·法西主编《非洲通史》（第 3 卷），李安山等译，中国对外翻译出版公司，2013。

〔印度〕安托卡伦：《天然食用香料与色素》，许学勤译，中国轻工业出版社，2018。

〔美〕查德·吉布逊：《非洲解放运动——当代反对白人少数统治的斗争》，复旦大学国际政治系编译组译，上海人民出版社，1975。

〔美〕约翰·甘瑟：《非洲内幕》，黄化人译，人民日报出版社，2014。

艾周昌、郑家馨主编《非洲通史·近代卷》，华东师范大学出版社，1995。

丁慎言：《依兰香油》，《热带作物译丛》1976 年第 2 期。

黄陵渝：《科摩罗的伊斯兰教》，《中国穆斯林》1991 年第 6 期。

李安山：《中国援外医疗队的历史、规模及其影响》，《外交评论》2009 年第 1 期。

陆庭恩、彭坤元主编《非洲通史·现代卷》，华东师范大学出版社，

1995。

马晓霖、马涛：《举步维艰的科摩罗新闻传播业》，《对外传播》2018年第11期。

孟淑贤主编《各国概况：南部非洲》，世界知识出版社，1997。

农业部国际交流服务中心主编《非洲农业国别调研报告集（第五辑）》，中国农业科学技术出版社，2013。

潘光、张家哲主编《各国历史寻踪》，上海辞书出版社，2001。

秦川：《"政变狂人"德纳尔》，《环球人物》2007年第41期。

赛义德：《科摩罗建筑考》，中国矿业大学硕士学位论文，2018。

《世界各国宪法》编辑委员会编译《世界各国宪法·非洲卷》，中国检察出版社，2012。

孙宗鹤：《科摩罗：与月亮之国的浪漫约会》，《光明日报》2019年8月31日。

王晓民主编《世界各国议会全书》，世界知识出版社，2001。

徐济明、谈世中主编《当代非洲政治变革》，经济科学出版社，1998。

许永璋、王严、武涛：《非洲五十四国简史》，浙江人民出版社，2014。

杨元恪等主编《世界政治家大辞典》，人民日报出版社，1993。

叶玮、朱丽东等：《当代非洲资源与环境》，浙江人民出版社，2013。

Yussuf Khamis Kondo：《坦桑尼亚在科摩罗危机中确保和平与安全的作用》，吉林大学硕士学位论文，2018。

张喃等：《论小岛屿国家联盟的内部机制——以国家气候谈判立场为分析起点》，《太平洋学报》2013年第5期。

张宏民：《非洲法郎汇率贬值原因分析》，《世界经济》1994年第8期。

章任群等：《支持西印度洋地区海洋和海岸带资源可持续管理的海洋研究》，《AMBIO－人类环境杂志》，2002年第Z1期。

中华人民共和国国际贸易经济合作研究院、中国驻科摩罗大使馆、商务部对外投资和经济合作司编《对外投资合作国别（地区）指南：科摩罗（2019 年版）》。

张锡昌、周剑卿：《战后法国外交史（1944—1992）》，世界知识出版社，1993。

二　外文参考文献

Abdul Sheriff, *The Indian Ocean：Oceanic Connections and the Creation of New Societies*, London：Taylor & Francis, 2014.

Ahmed Ouledi, et al. , "Heath History and Health Challenges in the Union of Comoros in 2012", *Médecine et Santé Tropicales*, 2012 (22) .

Andre Bourde, "The Comoro Islands：Problems of a Microcosm", *The Journal of Modern African Studies*, 1965, 3 (1)：91 – 102.

Daniel Stiles, "The Ports of East Africa, the Comoros and Madagascar：Their Place in Indian Ocean Trade from 1 – 1500 AD", *Kenya Past and Present*, 1992, 24 (1)：27 – 36.

Henry Wright, "Early Seafarers of the Comoro Islands：The Dembeni Phase of the IXth – Xth Centuries AD", *Azania Archaeological Research in Africa*, 1984, 19 (1)：13 – 59.

Ismaël Chakir, Ali Ibrahim Said, Bacar Affane & Ronan Jambou, "Control of Malaria in the Comoro Islands over the Past Century", *Malaria Journal*, 2017, Vol. 16 (1) .

John M. Ostheimer, "Political Development in Comoros", *African Review*, 1973, 3 (3)：491 – 506.

Mahmoud Ibrahim, "Les Comores：la marche vers l'indépendance (1972 – 1975)", *Ya Mkobe*, 2002 (2)：23 – 34.

Malyn Newitt, "The Comoro Islands in Indian Ocean Trade before the 19th Century", *Cahiers d'études africaines*, 1983, 23 (89)：139 – 165.

Milo Kearney, *The Indian Ocean in World History*, London：Taylor & Francis, 2004.

Mohamed Said Assoumani, *The Impact of France on the Union of Comoros from 1975 to 2015*, PhD dissertation of CCNU, 2018.

Nicholas A. Daou, *Constitutional Reform: The Decolonization Process in the Comoros Islands*, MA thesis of SIT Graduate Institute, 2017.

Stephanie Wynne – Jones & Adria LaViolette, *The Swahili World*, Routledge, 2017.

三 主要网站

科摩罗《祖国报》网站：http：//www. alwatwan. net。

科摩罗总统府网站：http：//beit – salam. km。

科摩罗教育部网站：http：//www. mineducomores. gouv. km。

科摩罗在线网站：http：//www. comores – online. com。

科摩罗中央银行网站：http：//www. banque – comores. km。

科摩罗农业发展网站：https：//daharicomores. org。

科摩罗信息网站：http：//www. comores – infos. net。

科摩罗历年宪法文本：http：//mjp. univ – perp. fr/constit。

科摩罗法律法规网站：http：//www. comores – droit. com。

科摩罗国家文献和科学研究中心网站：http：//www. cndrs – comores. org。

联合国数据库网站：http：//data. un. org。

联合国开发计划署网站：http：//www. undp. org。

联合国粮食及农业组织网站：http：//www. fao. org。

联合国儿童基金会网站：https：//www. unicef. org。

联合国教科文组织网站：www. unesco. org。

世界实时统计数据网站：https：//www. worldometers. info。

世界各国观察网站：http：//www. countrywatch. com。

世界银行网站：https：//data. worldbank. org。

国家在线网站：https：//www. nationsonline. org。

世界卫生组织网站：https：//www. who. int。

世界粮食计划署网站：https：//www. wfp. org。

世界机场信息网站：http：//www. gcmap. com。

非洲开发银行网站：https：//www. afdb. org。

全球教育伙伴组织网站：https：//www. globalpartnership. org。

欧盟网站：https：//europa. eu。

美国驻马达加斯加共和国和科摩罗联盟大使馆网站：https：//
www. state. gov/countries – areas/comoros。

美国中央情报局官网：https：//www. cia. gov。

美国教育政策和数据中心网站：https：//www. epdc. org。

美国国会图书馆科摩罗研究项目：http：//countrystudies. us/comoros。

法国驻科摩罗大使馆网站：https：//km. ambafrance. org。

坦桑尼亚驻科摩罗大使馆网站：https：//km. tzembassy. go. tz。

南非外交部网站：http：//www. dirco. gov. za。

印度外交部网站：http：//www. mea. gov. in。

日本外务省网站：https：//www. mofa. go. jp。

沙特《阿拉伯新闻报》网站：https：//www. arabnews. com。

博根（Borgen）计划网站：https：//borgenproject. org。

中国驻科摩罗大使馆经济商务参赞处网站：http：//km. mofcom. gov. cn。

中国外交部网站：https：//www. fmprc. gov. cn。

中国新闻网网站：http：//www. chinanews. com/。

索　引

《祖国报》　138，142，143，156

阿巴斯·尤素夫　65

阿里·萨利赫　5，11，37，45，57，
　67，135，167

阿扎利·阿苏马尼　46，54，58，169

艾哈迈德·阿卜杜拉·阿卜杜拉曼　30，
　31，38，45，57，67，145，167

昂儒昂岛　1～3，5，6，10，13，15，
　16，20～22，24～28，33，34，36，
　42～47，49～54，64，66，69，72，
　77，78，84，86，89，100，113，114，
　117，140，142，147～149，151～157，
　159，162，163，165～167，169～171

大科摩罗岛　1，2，5，6，10，11，13～
　15，20～25，28，31，32，34，36，
　42～44，46，50，53，66，77，85，
　86，89，100，103，104，108，112，
　113，134，137，140，142，148，149，
　152，153，156，162，163，165～167

法语　4，5，29，47，52，56，89，123，
　127，128，134～136，140～143，145，
　148～150，154

卡尔塔拉火山　2，14，15，38，86，

131，136，168

开斋节　9，10

科摩罗发展和现代化党　65

科摩罗复兴公约党　63，64

科摩罗国家博物馆　131

科摩罗国家海洋数据中心　130，132

科摩罗国家文献与科学研究中心　130

科摩罗民主进步运动　65

科摩罗民主阵线　65

科摩罗人民阵线　64

科摩罗语　5，6，21，54，133，138，
　140

腔棘鱼　86，118，119，131，159

蓝鸠　7，8，118

马尔加什人　148

马约特岛　1～6，9，10，13，16，21，
　22，24～28，31～33，35～38，41～
　44，51～53，66，73，83～85，102，
　104，117，132，137，139，142，147～
　149，153，154，157，160，165～167，
　170，171

莫埃利岛　1，2，5，6，10，13，14，
　16，21，22，25，26，28，42～44，

47, 53, 66, 77, 78, 84, 100, 109,
113, 116, 117, 140, 141, 148, 151,
152, 155, 163, 166, 167

莫埃利岛海洋公园 14, 117

莫罗尼 1, 2, 13～15, 22, 30, 31,
33～38, 45, 63, 67, 83, 84, 86,
91, 106, 129, 130, 135, 137, 139,
143, 146, 150, 152, 153, 155～157,
163, 167

穆罕默德·艾哈迈德 30, 57

穆罕默德·塔基·阿卜杜勒卡里姆 41,
46, 58, 169

疟疾 109～112, 115, 163, 171

赛义德·穆罕默德·乔哈尔 41, 45,
57, 58, 168

赛义德·穆罕默德·谢赫 9, 30, 31,
44, 45, 167

舒马党 65

星期五清真寺 13～15

伊基利卢·杜瓦尼纳 44, 47, 52, 59,
171

香草 8, 10, 15, 16, 33, 36, 71, 73,
77～79, 82, 93

依兰 7, 8, 15, 16, 33, 36, 71, 73,
77～79, 82, 86, 93

香料 8, 10, 16, 23, 33, 36, 72,
73, 77, 78, 81, 82, 93, 94, 157

"2030 新兴国家"发展战略 72, 73,
83, 90, 148, 161, 164, 172

哈立迪·阿卜杜拉曼·易卜拉欣 168

科摩罗进步联盟 39, 46, 64, 168

赛义德·易卜拉欣 30, 31, 45, 167

苏丹 5, 13, 16, 21, 24～28, 32, 49,
50, 69, 131, 134, 146, 148, 151,
165, 166

穆罕默德·巴卡尔 43, 69

非洲统一组织 34～36, 38, 42, 148,
152～154, 170

非洲联盟 43, 69, 145, 151, 171

阿拉伯国家联盟 69, 145, 154, 168

联合国 14, 19, 26, 34, 35, 45, 78,
81, 82, 88, 94, 97, 100, 102, 103,
105, 108, 110, 111, 117, 121, 123,
124, 127, 128, 131, 132, 138, 145,
148, 153, 160, 167

《塔那那利佛协议》 42, 51, 55, 169

《丰波尼共同声明》 51, 55, 65, 152,
170

《科摩罗和解框架协议》 43, 51, 170

马达加斯加 1, 3, 8, 15, 16, 19,
20, 22～30, 33, 34, 38, 42, 44～
46, 49, 50, 71, 78, 83～85, 89,
93, 94, 101, 102, 104, 106, 111,
118, 119, 131, 132, 134, 136, 139,
142, 145, 146, 152～154, 156, 158,
165, 166, 168, 169

留尼汪 3, 26, 28, 33, 37, 41, 44,
83, 85, 102, 136, 139, 142, 145,
149, 166, 169

新版《列国志》总书目

亚洲

阿富汗

阿拉伯联合酋长国

阿曼

阿塞拜疆

巴基斯坦

巴勒斯坦

巴林

不丹

朝鲜

东帝汶

菲律宾

格鲁吉亚

哈萨克斯坦

韩国

吉尔吉斯斯坦

柬埔寨

卡塔尔

科威特

老挝

黎巴嫩

马尔代夫

马来西亚

蒙古国

孟加拉国

缅甸

尼泊尔

日本

沙特阿拉伯

斯里兰卡

塔吉克斯坦

泰国

土耳其

土库曼斯坦

文莱

乌兹别克斯坦

新加坡

叙利亚

亚美尼亚

也门

伊拉克

伊朗

以色列

印度

印度尼西亚

约旦

越南

非洲

阿尔及利亚

埃及

埃塞俄比亚

安哥拉

贝宁

博茨瓦纳

布基纳法索

布隆迪

赤道几内亚

多哥

厄立特里亚

佛得角

冈比亚

刚果

刚果民主共和国

吉布提

几内亚

几内亚比绍

加纳

加蓬

津巴布韦

喀麦隆

科摩罗

科特迪瓦

肯尼亚

莱索托

利比里亚

利比亚

卢旺达

马达加斯加

马拉维

马里

毛里求斯

毛里塔尼亚

摩洛哥

莫桑比克

纳米比亚

南非

南苏丹

尼日尔

尼日利亚

塞拉利昂

塞内加尔

塞舌尔

圣多美和普林西比

斯威士兰

苏丹

索马里

坦桑尼亚

突尼斯

乌干达

赞比亚

乍得

中非

欧洲

阿尔巴尼亚

爱尔兰

爱沙尼亚

安道尔

奥地利

白俄罗斯

保加利亚

北马其顿

比利时

冰岛

波斯尼亚和黑塞哥维那

波兰

丹麦

德国

俄罗斯

法国

梵蒂冈

芬兰

荷兰

黑山

捷克

克罗地亚

拉脱维亚

立陶宛

列支敦士登

卢森堡

罗马尼亚

马耳他

摩尔多瓦

摩纳哥

挪威

葡萄牙

瑞典

瑞士

塞尔维亚

塞浦路斯

圣马力诺

斯洛伐克

斯洛文尼亚

乌克兰

西班牙

希腊

匈牙利

意大利

英国

美洲

阿根廷

安提瓜和巴布达

巴巴多斯

巴哈马

巴拉圭

巴拿马

巴西

玻利维亚

伯利兹

多米尼加

多米尼克

厄瓜多尔

哥伦比亚

哥斯达黎加

格林纳达

古巴

圭亚那

海地

洪都拉斯

加拿大

美国

秘鲁

墨西哥

科摩罗

尼加拉瓜

萨尔瓦多

圣基茨和尼维斯

圣卢西亚

圣文森特和格林纳丁斯

苏里南

特立尼达和多巴哥

危地马拉

委内瑞拉

乌拉圭

牙买加

智利

大洋洲

澳大利亚

巴布亚新几内亚

斐济

基里巴斯

库克群岛

马绍尔群岛

密克罗尼西亚

瑙鲁

纽埃

帕劳

萨摩亚

所罗门群岛

汤加

图瓦卢

瓦努阿图

新西兰

国别区域与全球治理数据平台

www.crggcn.com

"国别区域与全球治理数据平台"（Countries，Regions and Global Governance，CRGG）是社会科学文献出版社重点打造的学术型数字产品，对接国别区域这一重点新兴学科，围绕国别研究、区域研究、国际组织、全球智库等领域，全方位整合基础信息、一手资料、科研成果，文献量达30余万篇。该产品已建设成为国别区域与全球治理数据资源与研究成果整合发布平台，可提供包括资源获取、科研技术服务、成果发布与传播等在内的多层次、全方位的学术服务。

从国别区域和全球治理研究角度出发，"国别区域与全球治理数据平台"下设国别研究数据库、区域研究数据库、国际组织数据库、全球智库数据库、学术专题数据库和学术资讯数据库6大数据库。在资源类型方面，除专题图书、智库报告和学术论文外，平台还包括数据图表、档案文件和学术资讯。在文献检索方面，平台支持全文检索、高级检索，并可按照相关度和出版时间进行排序。

"国别区域与全球治理数据平台"应用广泛。针对高校及国别区域科研机构，平台可提供专业的知识服务，通过丰富的研究参考资料和学术服务推动国别区域研究的学科建设与发展，提升智库学术科研及政策建言能力；针对政府及外事机构，平台可提供资政参考，为相关国际事务决策提供理论依据与资讯支持，切实服务国家对外战略。

数据库体验卡服务指南

※100元数据库体验卡，可在"国别区域与全球治理数据平台"充值和使用

充值卡使用说明：
第1步 刮开附赠充值卡的涂层；
第2步 登录国别区域与全球治理数据平台（www.crggcn.com），注册账号；
第3步 登录并进入"会员中心"→"在线充值"→"充值卡充值"，充值成功后即可使用。

声明

最终解释权归社会科学文献出版社所有

客服QQ：671079496
客服邮箱：crgg@ssap.cn

欢迎登录社会科学文献出版社官网（www.ssap.com.cn）和国别区域与全球治理数据平台（www.crggcn.com）了解更多信息

图书在版编目（CIP）数据

科摩罗／朱献珑，朱丹，叶林编著. －－北京：社
会科学文献出版社，2021.4
（列国志：新版）
ISBN 978 - 7 - 5201 - 8148 - 8

Ⅰ. ①科… Ⅱ. ①朱… ②朱… ③叶… Ⅲ. ①科摩罗
－概况 Ⅳ. ①D748.3

中国版本图书馆 CIP 数据核字（2021）第 048902 号

· 列国志（新版）·
科摩罗（Comoros）

编　　著／朱献珑　朱　丹　叶　林

出 版 人／王利民
组稿编辑／张晓莉
责任编辑／邓　翃

出　　版／社会科学文献出版社·国别区域分社（010）59367078
　　　　　　地址：北京市北三环中路甲 29 号院华龙大厦　邮编：100029
　　　　　　网址：www. ssap. com. cn
发　　行／市场营销中心（010）59367081　59367083
印　　装／三河市尚艺印装有限公司

规　　格／开 本：787mm × 1092mm　1/16
　　　　　　印 张：13.25　插 页：0.5　字 数：192 千字
版　　次／2021 年 4 月第 1 版　2021 年 4 月第 1 次印刷
书　　号／ISBN 978 - 7 - 5201 - 8148 - 8
定　　价／48.00 元